SIMPLEMENTE
UNA HISTORIA

Narrativa

SIMPLEMENTE UNA HISTORIA

Narrativa

Gustavo Adolfo Zapa De la Ossa

Montería - Córdoba - Colombia

SIMPLEMENTE UNA HISTORIA

DIOS
A mis hijos
In memoriam de mi esposa Merina (Q.E.P.D.)
A mi esposa Luz Elena
A mi familia
Al tiempo, «que habla por mí».

La verdad no sé por dónde empezar, hace rato he querido plasmar mis sentimientos en un libro. Siempre he planeado cómo debía comenzar y qué era lo primero que debía decir, pero hoy que me encuentro dispuesto a hacerlo pareciera que las ideas no fluyeran, esto le debe ocurrir con mucha frecuencia a la gente; porque hay tantas cosas por contar, cuando miro a las personas y pienso que todos somos un libro, por todas las situaciones que nos acontecen, por todos esos momentos difíciles y claro que si por todos aquellos instantes de alegría que hemos tenido. Bien cierto es el dicho que *cada quien carga su propia cruz*, cada uno de nosotros tenemos una historia que contar, la cual construimos con cada acontecimiento que nos ocurre en el diario vivir, cada uno somos un gran libro andante que no revelamos a nadie y solo algunos pocos conocen.

Este no es un libro de superación personal, aunque a veces parezca, solo es una historia de una persona normal, que le ha tocado vivir muchas situaciones difíciles y otras alegres. Porque como dice la canción «el camino de la vida», la tristeza y la alegría son la esencia permanente de la vida. De alguien que se ha equivocado quizás mil veces, pero que de todas formas le ha tocado levantarse y seguir su camino, porque la vida, sea cual sea la que nos haya tocado, hay que vivirla de la mejor manera posible, trabajando, luchando, riendo, llorando, pero siempre buscando ser felices.

Yo quiero contarles que nací en un pueblo de Córdoba, me imagino que nada diferente al pueblo de Macondo de las Obras literarias de Nuestro Nobel de Literatura ya fallecido Gabriel García Márquez, pues un pueblo en donde todos se conocen, en donde se respira y se siente la calidez humana característica de nuestra Costa Caribe. Nací en unas condiciones tal vez muy diferentes a las de ahora, aún existían las casas hechas con la moñiga de vaca, calles polvorientas, que cuando llovía eran un verdadero barrizal. Nací en el seno de una familia numerosa, mi padre un hombre de estatura medio alta, de tez trigueña, tal vez un poco quemada por el sol. Mi madre una mujer alta, de tez blanca, muy hermosa, dedicada al hogar y a criarnos en un 100% como era la costumbre. Soy el noveno de diez hermanos, todos vivos, gracias a Dios.

Contar mi historia, feliz, trágica en algunos momentos que marcaron mi existencia y descubrir que nosotros no somos nadie para planear nuestra vida, que siempre estará Dios planeando y mostrando el camino que debemos seguir. Aprendí a no pelear con Él, a no retarlo, porqué Él es más poderoso que todos nosotros. Solo espero que tenga un camino feliz, llevadero y que no ponga tantas cargas a nuestras espaldas, eso es lo que deseo para los años que me quedan de vida, para mi familia y para todos los seres que aprecio y estimo muchísimo.

Hablemos de mi niñez, que puedo decir, mis recuerdos me llevan inexorablemente a una casa grande, hecha de bareque (bareta y moñiga de vaca) con techo de palma, era como un gran ranchón, en donde habían dos habitaciones inicialmente y una sala; en la parte de atrás quedaba un rancho en su sentido estricto de la palabra, con piso de tierra, el cual servía de cocina y comedor al mismo tiempo, en la parte delantera estaba una mesa gigante con muchos taburetes (sillas hechas con cuero de vaca) y al fondo una hornilla (mesón hecho de ceniza para cocinar con leña); un patio enorme en donde parte de él se había tomado para sembrar plátano y la otra parte mi madre sembraba árboles frutales como limón, guanábana, tamarindo y por supuesto que también sembraba una huerta con pepinos, ají dulce, berenjena y otras cosas propias de la región. Como verán, no teníamos las mejores condiciones de vida, más bien estábamos llegando a la pobreza.

Mi padre, el recuerdo que tengo de él es que era muy noble, regalaba todo lo que tenía y por eso eran las peleas con mi madre, pobre mi padre que sufrimiento con tantos hijos, sin un modo de trabajo certero, pues lo que hacía era acompañar en sus recorridos a un señor rico del pueblo y éste le daba la comida diaria, es decir, el día que no iba a acompañar, ese día no había comida y teníamos que recurrir a mis tías paternas para que suplieran la necesidad inmediata de alimentos. Mis tías, como las recuerdo con gran cariño y estimación, creo que fueron los seres más queridos sobre la faz de la tierra, personas de una nobleza insuperable, siempre dispuestas a ayudar y a dar de comer a quien lo necesitaba, y si, hablo por nosotros; siempre conseguíamos calmar el hambre y algunas otras necesidades. Mis tías cuanto quiero mencionarlas, en especial a mi tía Julia y a mi tía Mane, las adoré con todo mi corazón, lloré el día de su muerte, porque se habían ido esos seres maravillosos, que me enseñaron a despojarse de lo que se tiene para darlo a los que necesitan. A mí particularmente me dieron tanto, siempre que iba donde ellas por alguna necesidad de mi colegio y de mi casa, ellas estaban ahí y puedo asegurar que nunca me dejaron salir con las manos vacías. Creo que no les he devuelto a sus seres queridos todo lo que ellas me dieron, porque contribuyeron de una manera enorme a mi realización personal y profesional.

Mi madre una mujer, que siempre lo diré a gritos, era de un aguante tremendo, siempre angustiada por tener que poner un plato de comida en nuestra mesa. Abnegada como ninguna otra, jamás desistió de la ardua tarea que le fue encomendada por Dios, siempre silenciosa sin maldecir de aquella situación que nos había tocado vivir, siempre luchando para que nosotros comiéramos. De ella aprendí a estar en silencio y callar y seguir caminando. No es fácil, pero cuando estoy angustiado y tengo algunos problemas con mis hijos, siempre la recuerdo con su abnegación y humildad, lo que me hace seguir adelante, recordando que uno no puede hacer nada, solo continuar el camino. ¡Qué dura la vida que le tocó vivir! Pero hay que aclarar que no todo el tiempo fue de esta manera; cuentan mis hermanos mayores que mi papá tenía negocios de viajar animales a Medellín para la venta, en compañía de su hermano Luis. Que ellos, mis hermanos, vivieron con ciertas comodidades y privilegios, que fueron enviados a estudiar a Cartagena e internados en Sincelejo, porque en Pueblo Nuevo no había escuelas. Solo que esto se acabó cuando murió mi tío Luis, a quien no conocí. Ahí como que empezaron los problemas, porque mi padre, se le había ido la mano de la persona que lo empujaba y guiaba en estos quehaceres. Además, a Don Víctor, mi padre, siempre le gustaron las apuestas, ruletas, naipes, gallos y no sé qué otros juegos de azar, razón que también lo fue llevando a la ruina. Es decir, que cuando yo nací no había nada de aquel panorama próspero y alentador, ya estábamos solo recogiendo las cenizas.

No escribo esto para que lloremos, no siempre las cosas fueron así, y bien cierto es el adagio popular *que no hay mal que dure cien años ni cuerpo que lo resista*, solo hay que esperar, perseverar, soñar que algún día cambiaremos las cosas, pero sobre todo confiar en Dios, en ese ser superior y tener la plena certeza de que más adelante Él cambiará nuestra situación; pero, para que esto suceda tenemos que esforzarnos mucho, tener objetivos claros y precisos y saber que por ellos hay que hacer sacrificios enormes, privaciones de tantas cosas, así veamos a nuestro alrededor y encontremos personas que gozan de una abundancia y nosotros de escasez, no importa no seamos envidiosos, solo confiemos en que nosotros tendremos un mejor mañana, creo que ese pensamiento siempre me acompañó en toda la historia de mi vida. Aunque las fuerzas parezcan desaparecer, que ya no podemos más con nuestra situación, Dios siempre estará ahí, hay que abandonarse en Él y dejar que todo pase.

Pero a quien si tengo que mencionar es a mi hermana la mayor, Amparo, ella sí es una guerrera en todo el sentido de la palabra, fue la persona más importante para cada uno de nosotros y de mis padres. Una mujer alegre, de mediana estatura, de un empuje enorme, fue de las privilegiadas al estudiar en internados, pero llegó a estudiar hasta el grado noveno; en esa época no había los grados 10 y 11 en Pueblo Nuevo y tuvo que esperar cierto tiempo para llegar a terminar el bachillerato y empezar una carrera. Aquí es preciso hacer una pausa, para comprender por qué Amparo se había convertido en esa persona que nos ayudaría a todos a salir adelante, es necesario mencionar a mi tía materna Victoria, una mujer millonaria en el pueblo, ejemplo de tenacidad, pues había enviudado hacía muchos años y logró multiplicar su riqueza; de ella recuerdo sus estrategias para animar a la gente a trabajar, por ejemplo, cuando iba a mi casa y todos nosotros estábamos ahí, nos decía: «cojamos todos las escobas y el machete para limpiar el patio», involucrándose ella misma en el cuento, tiempo después se iba y nos decía «vengo ahora para ver cómo está quedando», así que nosotros nos afanábamos para que cuando ella volviera todo estuviera listo, pero que va, no volvía, dejándonos como un sin sabor. Por qué será que a veces necesitamos de otra persona que nos impulse a hacer lo que nos toca, tal vez por eso es que existen los jefes y líderes en el mundo, no dejemos que nos digan lo que nos corresponde hacer, no seamos conformistas, no esperemos que los demás hagan por nosotros, ese no puede ser nuestro principio y filosofía de vida, yo tenía muy claro «lo que uno no hace por uno mismo, nadie lo hará».

Un día cualquiera llegó a mi casa tía Victoria, para decir que enviaría a sus hijas, mis primas, a estudiar a Medellín, pues tenía un apartamento en esa ciudad y le propuso a Amparo que por qué no iba a terminar de estudiar el bachillerato en esa ciudad. Ella por supuesto que aceptó aquel ofrecimiento, teniendo su objetivo claro, terminar su bachillerato, no importa que tenía y qué le tocaba hacer, ella lo tenía claro, era su objetivo, esa fue de las primeras enseñanzas que teníamos que agradecerle, sobre todo yo, lo tomé literalmente al pie de la letra. Amparo se graduó en Medellín de Bachiller y regresó a Córdoba, por aquel entonces era fácil conseguir un trabajo de profesor solo siendo bachiller, dada las circunstancias que no todos podían obtener dicho título. Fue así como un político de Planeta Rica de nombre José María Hoyos, la ayudó a encontrar el anhelado trabajo de maestra en una escuela pública. Desde ese entonces se radicó en la ciudad de Montería y entraría a estudiar Licenciatura en Sociales en la Universidad de Córdoba; cuando su carrera iba avanzando consiguió un segundo empleo en un prestigioso colegio privado de la ciudad, es decir, trabajaba doble y estudiaba en la noche, pues las licenciaturas en la Universidad solo funcionaban en la noche. Esta mujer, mi hermana era una mujer de admirar, de mucho sacrificio, para lograr salir de la pobreza en la que nos encontrábamos.

Mientras en la casa del pueblo estábamos la mayoría, viviendo con mis padres, y medio supliendo las necesidades más apremiantes como era la alimentación porque vivienda, pues la teníamos en las condiciones que ya describí, vestuario era algo que casi no podíamos pensar en trapos, pero cuando Amparo trabajó en el colegio privado llevaba ropa usada que recolectaban en esa escuela y nos ayudaba a vestir. Mis otros hermanos mayores, en vista de la situación económica apretada en la que estábamos, tuvieron que marcharse para Venezuela, un país que ofrecía oportunidades de empleo y el cambio era realmente bueno, un Bolívar llegó a cambiarse por 20 pesos o más, si la memoria no me falla, es decir, que 100 Bs daban alrededor de $2.000 pesos colombianos y eso era mucho dinero. Pero bueno, cuando mis hermanos venían con algo de dinero era una fiesta en mi casa, puesto que venían cargados de obsequios, ropa y algunas cosas para la casa (una grabadora, un reloj de pared), pero cuando el efectivo se acababa, tenían que vender todo lo que traían para reunir el pasaje de vuelta al vecino país.

Continuando con mi hermana Amparo, ella sí que cuando iba de Montería al pueblo, recuerdo que se preocupaba mucho por el orden de nuestra casa, por tenerla un poco mejor arreglada, desde que ella se veía venir, con unas gafas oscuras de esas que usaban las grandes señoras, las señoras de la ciudad, todas mis hermanas y yo (Beatriz, María Victoria y Patricia) salíamos como alma que lleva el diablo a saludarla y arrebatarle de las manos las bolsas cargadas que traía, porque seguramente ahí vendrían cosas para nosotros. Qué alegría, ella siempre pensaba en nosotros y nuestra casa antes que en ella misma, parecía una hormiga, cuando éstas cargan las hojas y trabajan para su hormiguero. También recuerdo el día en que ella llegó en un carro y bajaron unas cajas enormes, ahí venían una gran estufa eléctrica para que mi madre no cocinara más con leña y un gran televisor Toshiba a blanco y negro para que no tuviéramos que ir a las casas vecinas a ver televisión, qué alegría nuestro primer televisor. Con relación a la estufa tengo que decir que cuando llegó mis hermanas corrieron a estrenarla, recuerdo que hicieron unos plátanos maduros con queso y bocadillo en el centro, para hornearlos. Claro está que la euforia nos duró poquito, porque cocinar con estufa eléctrica, elevó el recibo de la luz, así que no siguieron utilizándola más y la estufa realmente no recuerdo que pasó con ella, tal vez se dañó o se mal vendió.

De otros capítulos que enmarco en mi memoria es que a muy temprana edad (de 5 o 6 años), escuchando a mis hermanas estudiar en voz alta las tablas de multiplicar, un día cualquiera resulté recitándolas una por una, lo que causó una gran sensación en mi querido barrio Jorge Eliécer Gaitán de Pueblo Nuevo; los vecinos iban y desfilaban por una paredilla que había en mi casa a preguntarme las tablas de multiplicar y yo a recitarlas, ahí se evidenciaba lo bueno que iba a hacer para el estudio, puesto que sin conocer un solo número y sin saber nada del colegio ya por lo menos sabía algo que parecía muy complicado para los demás, puesto que uno empezaba la escuela a la edad de siete años, haciendo primero elemental, no existía el preescolar.

Así fue, empecé la escuela y resulté bueno para estudiar, entendía fácil y empecé a ganar regalos y matrículas de honor al finalizar los años escolares. Como la escuela quedaba tan cerca de mi casa y los profesores cuando salían tenían obligatoriamente que pasar por el frente, yo salía corriendo para sacar una mesa y una silla y ponerme a hacer mis tareas, no crean que esto lo hacía por bueno era solo para que mis maestros dijeran «qué niño tan juicioso y empezaran a hablar bien de mí». Sin saberlo, pienso que me estaba echando la soga al cuello, porque, como dice el dicho «cría fama y acuéstate a dormir», había que sostener esos comentarios de excelencia y buen comportamiento.

Esta situación continuó hasta en mi bachillerato, claro que la situación de pobreza se agudizaba, hasta el punto que como los colegios no tenían establecido uniformes para los hombres, yo usaba una muda de ropa cada semana como si fuera uno. Es decir, toda la semana iba con el mismo pantalón y la misma camiseta o camisa, llegaba del colegio y lo primero que hacía era colgar mi ropa para usarla el día siguiente; esto puede tener una ventaja y es que uno no tiene que pensar qué me coloco el día de mañana. Eso sí, tenía que soportar la burla de mis compañeros, quienes no podían resistirse a comentar dicha situación, pero a mí no me importaba o me hacía el que no me importaba, tenía el objetivo claro, ser el mejor de mi clase, la verdad pensaba que era como una compensación, no tenía nada material, pero tenía disciplina para estudiar y esto en realidad era más importante, porque en la vida uno debe tener constancia y disciplina para alcanzar lo que quiere, sin importar el resto de las condiciones, al fin y al cabo éstas mejoran después de lograr el objetivo.

Era una época muy dura, solo habían satisfacciones académicas, las cosas en mi casa eran cada vez más precarias, al punto que una vez llegué a quedar sin zapatos, no sé cómo me las arreglé, hacía educación física hasta con zapatos de tacón, que yo mismo compré con un dinero que había ganado jugando cartas, eran unos zapatos café de tela y con unos cuantos cms de tacón, la verdad no tenía más. Esa vez nos tocaba darle como 5 vueltas al cementerio, porque el colegio donde estudié quedaba al lado de éste, y creerán ustedes que fui el primero en dar las vueltas. Eso también demostraba que nada me detendría en mi camino de superación. En la vida hay muchos obstáculos, muchísimos, demasiados y uno siempre tendrá que saltarlos si quiere salir adelante.

Pero hay que mencionar que no todo era así, habían momentos de felicidad, por ejemplo, cuando llegaba Semana Santa y parte de mis hermanos volvían a mi casa, mi madre hacía en compañía de todos actividades propias de la semana mayor, como era moler el chocolate, hacer el infaltable dulce de yuca, la chicha de maíz y otras cosas; además, mis hermanos aportaban para comprar comida que caracterizaba esta semana y bueno, pasábamos momentos de gloria, por lo menos el estómago lleno si teníamos, además mis vecinos los Portanes, como se les llamaba cariñosamente por el barrio, eran lo máximo conmigo, nos separaba una pared no muy alta, y los días Jueves y Viernes Santo, se asomaban a llamarme para darme un plato cargado de comida.

A ellos, a los Portanes, les tengo un aprecio muy grande, no solo por esos platos de comida en esta semana, sino que cuando ya estábamos muy mal de plata en mi casa, mi madre se desplazaba a la capital de Córdoba a la ciudad de Montería a visitar unos días a mi hermana Amparo, para que ella le diera un poco de dinero y nos dejaba con mi papá, no sé cómo subsistíamos, yo iba para el colegio y cuando regresaba sabía que no iba a encontrar comida, entonces entraba donde mis vecinos, ellos con la mejor voluntad me daban el almuerzo. En una de esas idas de mi madre a Montería, yo cursaba el grado 11, mi hermana Patricia y yo teníamos que ir para el colegio, Patricia se levantó temprano para freír unas tajadas de plátano amarillo y unos huevos para que ella y yo desayunáramos, siendo las 5 y media de la mañana me desperté y pensé que era muy tarde para que ella estuviera aún en la cocina, así que apresuradamente fui donde ella y le dije «ves a listarte para tu colegio que yo termino de hacer esto», pero les digo que cuando van a suceder las cosas, no hay nada ni nadie que las ataje, es como si una voz interna nos dijera «llegó el momento de que te ocurra una determinada situación», así fue, no acaba de alejarse ella, cuando yo me había echado la olla de aceite en mi brazo derecho, me había quemado y de qué manera, aún tengo la cicatriz que me recuerda cada día de mi vida ese episodio, mi madre, por supuesto, tuvo que regresarse de manera inmediata a Pueblo Nuevo y yo, que había ido de todas formas al colegio con una bolsa de agua gigante en mi brazo, me regresaron mis maestros, diciéndome que debía ir al Centro de Salud para que me curaran, así lo hice y el médico de turno procedió a retirarme toda la piel quemada, sin anestesia, eso fue verdaderamente doloroso, quedé con la parte afectada sin piel, pero las cosas pasan y sanan, así es todo en la vida, solo tenemos que aguantar el dolor o hacer un sacrificio por un tiempo y esperar que los tiempos gloriosos sucedan.

Otra época inolvidable para mí en mi niñez era Diciembre, pero las fechas especiales del 24 y del 31, porque mi casa otra vez se llenaba, así me tocara dormir en el piso de la sala, porque no había cupo en las camas, eso no importaba, lo que realmente importaba era tener a mi gran familia cerca, nos reuníamos en el ranchón, que como dije antes hacía de comedor y de cocina a tomar el café con galletas de limón o pan, todos contaban sus historias y nosotros escuchábamos. El 31 de diciembre teníamos por costumbre levantarnos a las 4 de la mañana, porque se mataba un cerdo, ese día era un día de alegría y cada uno hacía lo suyo, a mi hermana Gloria y a mí nos tocaba limpiar las tripas, ella al igual que yo nos gustaba estudiar y empezábamos a examinar las vísceras del animal mientras las limpiábamos para después hacer los chorizos y las rellenas. En la noche nos colocábamos la muda de ropa nueva, salíamos a dar una vuelta al parque, tal vez a comer un helado y después a la casa en la puerta a escuchar música y a esperar las doce de la noche.

Cuando acabó el bachillerato y llegó la noche de la graduación, recibí regalos por ser el mejor bachiller, me acompañó mi madre y mi hermana María Victoria. Ese día fue de alegría, aunque el día siguiente fue de una tristeza enorme, era como un vacío que quedaba en mí, era como estar en cero. Saber que se había acabado esa época maravillosa, que ya no vería más a mis amigos de colegio, que cada uno cogería caminos distintos. Aquí empezaba como el primer duelo que tenía que vivir, perdería incluso mi pueblo, el barrio donde había crecido, porque tocaba viajar a Montería a estudiar Licenciatura en Matemáticas en la Universidad de Córdoba, no había otra opción, me tocaría ser profesor. Recuerdo que una vez en el salón de clases, el profesor director de grupo empezó a sondear qué estudiaríamos, yo solo escuchaba a unos compañeros decir algunas extraordinarias y novedosas carreras como derecho, ingeniería de sistemas, y otras ciudades diferentes a la capital del departamento de Córdoba; cuando llegaron a mí yo inmediatamente dije Licenciatura en Matemáticas en Montería, siendo el mejor de la clase tenía que conformarme con la carrera menos lucrativa y de menos prestigio, por decirlo así, pero yo estaba tan aterrizado que sabía que mi única opción si quería seguir estudiando era esa, porque

Amparo que estaba en Montería había hecho ya mi inscripción en la Universidad y ella me daría posada en su casa. Otra lección que tenía aprendida, debemos ser aterrizados y saber dónde podemos pisar, porque otra vez para mí no era lo que yo quería sino, lo que podía hacer. Con relación a mis compañeros, algunos estudiaron y otros no llegaron a realizarse profesionalmente, quedando solo en palabras aquellos sueños de carreras extraordinarias.

En el año 1986 llegué a la ciudad de Montería, pensaba que estaba lejos y que volver a Pueblo Nuevo sería muy complicado, cuando realmente estamos tan cerca nos separaban solo una hora de distancia. Empecé mis estudios, cuando vi la Universidad cumplió mis expectativas, era como me la había imaginado, pues había visto el programa de televisión la «U», que fue grabado en la Universidad Nacional y era enorme, así también vi la Universidad de Córdoba, era extensa, me sentía transportado en ese lugar. Debo decir que si la época de colegio fue chévere, ésta sería aún mejor, conocería amigos extraordinarios, conocería a mi primera esposa y madre de mis dos hijos mayores, me haría amigo de personas del mismo pueblo que antes me caían como un zapato, pero que estando en el mismo claustro universitario seríamos los mejores amigos.

Empezar fue muy duro, yo venía con algunos pantalones remendados y tenía una camisa de cuadros, que me había comprado mi hermano Víctor en el almacén del frente de nuestra casa en Pueblo Nuevo, donde la niña Benita, quien era la dueña. La camisa estaba bastante agujereada, pero como no tenía tantas y me gustaba mucho la cosí con hilo blanco en cada uno de los huecos diminutos y así iba a la Universidad, no importaba nada, tenía que estudiar. Amparo me daba el pasaje estricto de los buses económicos que iban hasta la U, costarían en ese entonces $50, es decir, ella me daba $100, ni para una gaseosa, nada de esto me detendría, eso sí, ella pagaba todas las copias que yo necesitara sacar para estudiar.

Donde Amparo, vivíamos el esposo de ella, José Luis; sus dos hijos Isabela y José David, mis hermanas Patricia, María Victoria y Beatriz, como ven, bastantes personas y mucha carga para una sola persona, nosotros ayudábamos con el oficio, aunque había una empleada, colaborábamos con los niños. Al principio fue tedioso, porque las carreras de licenciatura estaban diseñadas en horarios nocturnos y tenía que quedarme en casa casi todo el día hasta que llegara la hora de salir para clases, la esperaba con todo mi corazón, de no ser por mis sobrinos y en especial por Joche como cariñosamente le decíamos a José David, ese tiempo se hubiese hecho desesperante, porque por lo menos con él jugábamos, era como un juguete para mí.

A pesar de tener solo el pasaje estricto en la Universidad, allá me iba de maravilla en lo académico y bueno, eso me hacía importante y algunos compañeros con tal de hacerse conmigo me invitaban a gaseosas y empanadas, así que ese problema estaba solucionado. Recuerdo que estando en segundo semestre había un profesor a quien todos temían, llamado Habit Barrera, de hecho en casi todas las paredes de la universidad habían letreros de vetar a Habit, la verdad él llegaba al salón y no saludaba sino que se dedicaba a dictar su clase, no sabía quién era quién, hacía sus parciales y los dejaba en el escritorio para que al final los repartiéramos. Cuando llegó el examen final hizo una pausa antes de comenzar y solo preguntó ¿quién es Gustavo zapa?, yo me levanté y dije: yo profesor, y empezó a felicitarme por mis buenos resultados, pues había obtenido calificaciones de 5 en cada una de sus pruebas, ese fue un momento glorioso, me volví a sentir en el bachillerato, además, que alguien a quien todos temen te felicite delante de todos tus compañeros eso fue lo máximo. Desde ese momento a él nunca se le olvidaría quien era yo, llegaríamos a ser grandes amigos.

Así transcurrieron la mayoría de semestres, fui siempre de los mejores, me ganaba cada una de las matrículas, fui un estudiante sobresaliente, cuando iba en sexto semestre mi hermana Amparo me dijo que pensara en conseguir trabajo dictando clases en un colegio privado de Montería, pero yo que era lo más callado y montuno de este mundo, aunque me daba temor, tenía que hacer lo que ella dijera, y fue así como primero contactamos a una amiga de Amparo que a su vez era allegada a la rectora y dueña de un colegio prestigioso en la ciudad; donde ella fuimos una noche, yo lo único que hice fue sentarme y sonreír, mientras Amparo y su amiga le hablaban a la señora, quien se mostró receptiva , pero que al final ahí si mirándome dijo: con mucho gusto, pero esperemos a que termines, esas fueron sus palabras, esas palabras que creo no olvidaré jamás porque fueron uno de los grandes errores que habría cometido. Al segundo colegio que fuimos fue al Liceo Máximo Mercado, vuelve y juega, aquí no teníamos intermediario, solo Amparo y yo, sin cita previa, allá fuimos muy temprano, cuando llegamos entramos a rectoría y preguntamos por el profesos Bejarano, quien era el dueño y rector del colegio, él muy amablemente nos hizo seguir, yo nuevamente me senté en una silla y de ahí no articulé una sola palabra, estaba más bien asustado, quien hablaba era Amparo y no se callaba, al final de la conversación el profesor Bejarano lo que dijo, dirigiéndose a mi hermana: «seño y a usted no le gustaría trabajar», a mí ni me determinó, resultó ofreciéndole el trabajo a Amparo. De esto solo quedan las experiencias y que uno jamás debe temerle a las personas y hablar por lo que realmente deseamos.

En casa de Amparo, la situación económica se agudizaba también, pues ella había adquirido un crédito para casa y nos habíamos mudado de una casa vieja con techo de palma a una casa de material y con pisos de tablón rojo que en ese momento era la moda, mi hermana estaba progresando, sus hijos estaban ya estudiando en colegio privado y esto hacía que la situación se tornara un poco difícil, por lo que en un tiempo tuvo que prescindir de la muchacha, ahí nos tocaba distribuirnos los trabajos, la lavada de platos la dividíamos entre ella, patricia y yo, a mí me tocaba además, la limpieza del patio y estar pendiente que siempre hubiese agua hervida en la nevera era mi deber, Patricia cocinaba el almuerzo y Amparo hacía la comida, generalmente a mí me tocaban los platos de la comida, solo que me dejaban la olla a presión, en la que habían cocinado la sopa del medio día. Así que cuando llegaba a las 10 de la noche de la Universidad ya sabía lo que me esperaba, la alegría de obtener cinco, se vería reducida a un montón de platos, incluida una olla que ya tenía bastante pegada la grasa del almuerzo, yo lo único que pensaba era que esto no podía ser para siempre que algún día tenía que venir lo dulce de toda esta situación.

Claro está, que la cosa cambiaba, cuando iba a Pueblo Nuevo, mi madre orgullosa de mí, porque era ya un universitario y eso solo lo habíamos logrado Amparo y yo en la casa, no lo niego, me sentía importante en ese pueblo, pues no todos podían estudiar, no sé, hasta la gente te mira diferente. Yo seguía dictando los cursos de matemáticas para gente que quedaba habilitando al final de año, cobraba como $2.500 a cada uno de los que lo hacían, cuando recogía algo de dinero, le decía a mi papá que caminara al granero conmigo y comprábamos arroz, un aceite del grande y otras cositas primordiales para la comida, eso me hacía sentir más importante aún, ya empezaba aportar para mi casa.

Lo que puedo decir es que Dios era inmensamente bueno conmigo, porque la Universidad de Córdoba años atrás siempre pasaba en paro, a veces un semestre duraba año y medio para finalizarse, eso me esperaba a mí, pero no, mi carrera transcurrió sin interrupciones y solo duró los cinco años que debía durar, hasta en esas cosas Dios se manifestaba de manera misericordiosa.

Hasta ahora no he hablado de mi vida amorosa, no había mucho que contar, porque siempre estaba el dinero de por medio, sino tenía para comprarme una gaseosa para mí, cómo iba a hacer para invitar a alguien. Pero cuando estaba ya como en séptimo y mis hermanas empezaban a proporcionarme algo de ropa y de zapatos, ya me sentía mejor presentado, además, era tan bueno en la carrera que algunas chicas ya querían acercarse y no solo de la Universidad sino del Pueblo. Cuando empecé las prácticas pedagógica en noveno semestre en un colegio femenino de la ciudad de Montería, las chicas estudiantes me miraban de manera embelecida, me decían que les explicara algo solo para mirarme, me sentía un galán de telenovelas, además, mi rostro nunca reveló mi edad y me veía como un muchacho dictando clases, creo que eso era lo que más atraía a estas muchachitas. Una vez saliendo de ese colegio y tomando el bus para la Universidad me senté al lado de una flaca, morena, risueña, de nombre Merina, quien estudiaba licenciatura en Biología y Química, ella empezó a molestar conmigo y ese día el viaje fue muy divertido, la pasamos supremamente bien, ella sería la primera mujer de la que me enamoraría y terminaría casado años más tarde. Ese día cuando me bajé del bus, le conté a mi mejor amigo lo que había pasado y todo engreído le dije a esa morena le gusto yo.

De ahí en adelante nos sentábamos juntos en el bus y nos reíamos un montón, buscábamos siempre los puestos traseros del bus y empezábamos a besarnos, claro está que cuando el bus estuviera un poco vacío, así transcurrió ese semestre hasta que vino la despedida, como era costumbre yo acabado el semestre me moría por irme para mi casa en Pueblo Nuevo donde mis padres, le dije un poco en broma que podía enviarme un telegrama diciendo que me extrañaba, porque no habían muchos teléfonos fijos, además, en mi casa no había, eran muy pocas las familias que contaban con este servicio. Debo decir que yo era muy reservado en estas cosas, una tarde de esas vacaciones estando en casa se apareció el cartero y abrió mi hermana Gloria, quien sorprendida recibió el telegrama y empezó a molestarme, lo abrí y en efecto era una nota que decía «te extraño» y con firma Anirem, era el nombre de Merina al revés. Creo que me puse un poco nervioso, pues no estaba acostumbrado a estas situaciones en casa. Cuando volví a la ciudad de Montería para hacer mi último semestre nos pusimos cita en el parque de la catedral de la ciudad, ella vestía una falda pantalón de flores azulita, era una chica muy delgada, de pelo ensortijado, pero de una gran sonrisa y siempre optimista, ella trabajaba, desde hacía un tiempo en prestigioso colegio privado de la ciudad, casi que desde que salió de la Normal, era de una creatividad impresionante, tenía la letra más bonita que había visto, de hecho era quien marcaba los diplomas de ese colegio y decoraba los tableros para los actos que se presentaban. Su familia era una familia numerosa igual que la mía, eran 12 hermanos, su padre tenía dos carros Willis que dedicaban al servicio público, los famosos peseros, pues el transporte en esa época era muy deficiente y estos carros prestaban un servicio muy importante para la gente, sobre todo para los barrios del sur. Su mamá una mujer de temperamento fuerte, que igual que todas, se dedicaba exclusivamente al hogar. También eran una familia muy pobre, vivían en unos de los barrios más populares, por no decir peligrosos de la ciudad, el barrio Santa Fe, pues criar a doce hijos debía ser una tarea realmente pesada. Merina me contaba que el sueldo que recibía ni siquiera lo calentaba en sus manos, sino que inmediatamente lo entregaba a su mamá para que lo distribuyera.

Después de nuestra cita en el parque, el fin de semana siguiente me presenté en su casa, recuerdo que cuando llegué, ella estaba estudiando en la terraza, con las piernas levantadas en la pared, quedó muy sorprendida, no me esperaba y como no habían teléfonos para comunicarnos y decirle que yo iba, la tomé desprevenida, estaba su padre, una persona de baja estatura, de cuerpo menudo; su mamá que apenas cruzaba alguna palabra y sus hermanos. Ese día nos pasamos hablando y escribiendo en una libreta cosas en espejo, porque yo estaba haciendo la práctica docente, dictando clases de Física en el grado 11 y el tema que estaba enseñando era espejos; esa noche no me quise demorar porque escuchaba lo peligroso del barrio y ella me acompañó a la carretera a tomar el bus.

Llegada la finalización del semestre, empezaba mi angustia ahora si por el trabajo, como en el mes de octubre del año 1990, desafortunadamente me acordé de las palabras de la señora que era dueña del colegio, donde había ido años atrás con mi hermana Amparo y su amiga, y decidí ir a su colegio para hablar con ella, cuando me recibió yo me presenté y le dije: no se acuerda de mí y le conté que yo era quien años atrás había ido a su casa a buscar trabajo y que ella me había dicho que cuando terminara, eso le dije, ya terminé y por esas palabras estoy aquí. Ella no se acordó, pero bueno, fue receptiva y me dijo que para noviembre empezara una inducción con unas de sus coordinadoras, yo salía feliz ya prácticamente tenía el trabajo en mis manos. Llegado noviembre empezaría el curso de inducción o de selección con la profesora Rosa Barrios, Coordinadora del área de primaria. Todo fue muy bien, además, como la política de la institución para los nuevos estudiantes era brindarles un curso también de inducción, lo que hacía era colocar el personal que estaba seleccionando para dictarlos, con esto tal vez se ahorraba el pago de profesores y a la vez evaluaba, en eso me fue muy bien, yo amaba y amo enseñar, hasta ahí pensé no haberme equivocado de la carrera que Dios tuvo para mí, porque, por supuesto me seleccionaron para que fuera profesor de bachillerato en los cursos del grado sexto.

Antes de finalizar ese año, mi primo Eden Benítez, hijo de mi tía Victoria, mataría una vaca y ofrecería un asado para toda la familia, él casi siempre lo hacía y nos tenía presente para que fuéramos nosotros también. Allí estaría mi prima Himelda, hermana de Eden, con su marido Bernardo, ellos eran personas que vivían en Bogotá, eran prestigiosos, elegantes de mucha clase, y bueno, eran muy admirados por la familia; yo por supuesto, ya me había graduado con honores, pues había sido el único estudiante que felicitaron y exaltaron ese día en la graduación por desempeño académico, esto me ponía orgulloso, ya era profesional, eso me dio coraje para acercármele a Himelda y decirle que me ayudara a conseguir un trabajo en la ciudad de Bogotá, que yo quería estudiar una especialización en la Universidad Nacional, era mi sueño, pues desde que vi el programa la U, estando en el colegio, soñé con pisar esa Universidad, le empecé a decir que había sido el mejor de mi clase y que lo que más ansiaba y anhelaba en el mundo era poder seguir estudiando; ella de inmediato me dijo que le hiciera llegar una hoja de vida con las notas de la U y una constancia que hablara de mi excelente desempeño, lo cual hice apenas me regresé a Montería y abrieron la Universidad, reuní cada papel que ella dijo y se lo envié.

Llagado el año 1991, desde el mes de enero, ya estaba en actividades docentes, tenía que dictarle el curso a los alumnos nuevos del colegio, ese era el precio que tenía que pagar por entrar a formar parte del mismo. Allí también trabajaba Merina, así que nos veíamos en el colegio, pero habíamos acordado no dar señales de nuestro noviazgo por aquello de la molestadera de los compañeros y además, no sabríamos como lo iba a tomar la dueña de la institución. Me asignaron los cuatro sexto y la dirección de grupo de uno de ellos, yo me sentía realizado, por un lado había conseguido trabajo muy rápido y me sentía, además, alguien muy importante, yo siempre pensaba cómo me verían en Pueblo Nuevo, que yo siendo tan pobre ya estuviera de alguna manera triunfando, aunque ese trabajo no fue la gran maravilla que me imaginé, la cosa resultó catastrófica, el salario mínimo solo eran $83.000 mensuales y la disciplina de los salones era algo terrible, pagué la novatada y de qué manera, los pelaos resultaron ser los más desordenados, indisciplinados, habían como 50 por salón y hasta cantaban vallenatos en plena clase y ni modos de contarle a la Coordinadora y a la Rectora, pues eso sería como admitir mi falta de capacidad para controlar la disciplina en el aula, la verdad no entendía por qué me sentía tan frustrado, era como si me hubiese equivocado de carrera.

Entrado los meses marzo, abril, mayo, junio y nada que recibía respuesta de mi prima Himelda, era mi única esperanza para salir de ese lugar en el que me había metido; cuando pasó el primer semestre y los primeros meses del segundo ya me olvidé y pensaba que mi prima se había olvidado y lo que le había dicho cayó en saco roto, perdía las esperanzas, eso hacía que todos los días me hiciera un lavado de cerebro y recordara las palabras de mi hermana Amparo, quien me escuchaba quejarme todos los días de ese colegio, que cómo siendo el mejor estudiante de la clase, me iba a dejar de esos muchachitos y que no iba a ser capaz, eso me daba ánimo y me levantaba, ahí decía yo me equivoqué de carrera, no sirvo para ser maestro, por lo menos de colegio no, no podía con la indisciplina y aunque era media jornada, entraba a las seis y salía a la una y media, para mí era como haber trabajado 20 horas contínuas, que fracaso, me había equivocado y no tendría otro remedio que seguir en esto porque mis posibilidades eran realmente mínimas de hacer otra cosa. Bueno, pero no todo era malo, estaba ganando algo de dinero y mensualmente le daba $20.000 a Amparo para el pago de servicios, pues me daba pena seguir en su casa, trabajar y no aportar, de ahí también empezó mi aporte para la casa de Pueblo Nuevo, no era mucho pero ya compraba camisas y pantalones para mi papá, quien orgullosamente iba donde sus familiares y les contaba que yo le regalaba ropa, ya se empezaban a ver las cosas un poco diferentes. Pero la gran carga emocional la tenía yo, adoraba que llegara rápido noviembre para finalizar el año escolar y preciso al llegar noviembre, el esposo de Rafaela me llamó y me dijo que nuestro contrato estaba cerrado, es decir, que ya no me querían para el año siguiente, me habían corrido del trabajo, fue un golpe muy bajo, porque de todas formas no es lo mismo renunciar a que a uno lo echen. Eso me colocaba en cero nuevamente, así que otra vez empecé a visitar colegios para hacer procesos de selección y todos me decían que ya estaban completos; el panorama se ponía oscuro, quién nos entiende, yo ansiaba salir de ese lugar y ahora que estaba fuera, estaba apurado.

Mi noviazgo con Merina siguió. Ese año murió su papá, y las cosas en su casa no eran las mejores, había que seguir adelante, ella continuaría terminando su Universidad y bueno, al lado mío todo el tiempo. Llegó diciembre y ya los colegios los habían cerrado todos por vacaciones, así que ya no hacía nada en Montería y me tuve que regresar a Pueblo Nuevo con el rabo entre las piernas, sin trabajo y cabizbajo, había fracasado, yo que siempre me caractericé por ser uno de los mejores, había fracasado en el trabajo. Una tarde estando recostado en una de las habitaciones de la casa, llegaron de la casa de enfrente que me estaba llamando Amparo, yo salí a contestar, mi hermana, quien estaba muy contenta y eufórica, me dijo: Gustavo llamó Himelda, quien le preguntó cómo era yo, si me gustaba la parranda y el trago, porque me tenía un trabajo en Bogotá, con un señor supremamente importante, alguien que maneja las corporaciones de ahorro y vivienda en el país, yo estaba que no podía de la dicha, de inmediato salí a contarle a mi mamá la nueva buena, y conseguir una maleta, a organizar la ropa, estaba que no cabía en mi propia piel, pensé lo maravilloso que era Dios, cuando más lo necesitaba, cuando me embargaba una enorme tristeza y ahí estaba Él acordándose de mí, dándome la mano cuando ya todo estaba medio perdido, bien cierto son los dichos, «Dios aprieta pero no ahorca» y cuando se cierra una puerta, es porque Dios abrirá muchas otras y muchísima más grandes que las que se cierran, solo hay que tener fe.

Mientras esto ocurría conmigo también se daban algunos cambios con mis hermanas, por ejemplo, Gloria una de ellas que también no tuvo una vida nada fácil, se había casado y fracasado con un hijo a sus espaldas, vivía con mis padres, hasta ese entonces se dedicaba a la matanza de cerdos, mi madre vendía ropa y joyas de fantasía que le daba una señora para la reventa, caminaba mucho por las veredas para ganarse la diferencia de precio. Pero en el fondo todos guardábamos la esperanza de que esto tendría que cambiar, que Dios era Poderoso y que solo debíamos seguir caminando con resignación el sendero que Él había diseñado para nosotros. Tanta era nuestra pobreza, que cuando murió mi abuela materna Blanca González, se tenía que repartir entre los tres hermanos (mi tía Victoria, tío Eufracio y mi mamá), la casa que ella dejó, obviamente por tener más dinero la tomó mi tía Victoria y procedió a devolverle a los otros dos. Como había que pagar la bóveda de mi abuela y costaba en ese entonces $150.000, a todos les debía recortar $50.000, a mi tío no le recortó porque él tenía con que responder más adelante, le recortó a mi mamá, porque ahí no había, según ella, esperanzas de responder, así es la vida, pero se cumpliría el dicho de mi tía Julia, a quien mencioné anteriormente, «uno es como la tranca del chiquero, una veces está abajo y otras arriba», por eso no hay que prejuzgar, que nadie sabe la suerte de los demás, solo Dios tiene la última palabra.

Retornemos a mi viaje para Bogotá, hice todos los preparativos correspondientes, era perseguir mi sueño de continuar estudiando, era mi oportunidad de oro, y como decía mi prima Himelda «las oportunidades solo se dan una vez en la vida y uno verá si la toma, la deja pasar o la desperdicia», el señor con quien iba a trabajar era nada menos que el doctor Enrique Peñalosa, a quien quiero profundamente. Él era vecino precisamente de mi prima, ella había hecho bien su trabajo, no se olvidó de mí, cosa que le agradeceré durante toda mi existencia; cuando nombraron al doctor Peñalosa de director del Instituto Colombiano de Ahorro y Vivienda – ICAV -, entidad que era de apoyo de todas las corporaciones, Himelda le habló de mí, qué le diría, no tengo ni la menor idea, lo cierto fue que él aceptó en darme la oportunidad, para qué le podía servir un licenciado en Matemáticas, no sé, seguramente eran los ángeles que Dios había designado para que me ayudaran y creyeran en mis capacidades aún sin conocerme.

De Pueblo Nuevo llegué dos días antes del viaje, me vi con Merina, le conté, pero ella sabía y aceptaba que aún lo nuestro no lo supiera mi familia y por eso el día del viaje ella no estuvo presente, tan bobo yo, bueno, pero la verdad no quería que mi familia empezara a criticarla, creí que en ese momento era lo mejor. Hice maletas y me llevé $283.000, que correspondían a mi sueldo de diciembre, a la prima de navidad y a las cesantías, no daba más la cuenta y a echarme la bendición, compré un queso y suero para no presentarme con las manos vacías donde Himelda. Llegado el día 9 de enero de 1992 partí a las 9 ó 10 de la noche en un bus de la compañía Rápidochoa, iba radiante y asustado porque no sabía a qué me iba a enfrentar, pero me movía mi deseo de superación y eso era suficiente, ya dependería de mí lograrlo y de eso no les quede la menor duda, lo iba a hacer. En la noche durante el viaje, siendo como las tres de la mañana, el bus paró en Santa Rosa de Osos, Antioquia, hacía muchísimo frío y yo debajo de mi camisa solo llevaba un buzo de lana medio delgado, el frío me estaba congelando, la chica que me tocó al lado, me empezó a contar cómo era Bogotá, todo eso hacía que mis ganas de conocerla aumentaran, así transcurrieron las horas y yo ansioso lo único que hacía era preguntar si ya estábamos llegando, era mi primer viaje fuera del departamento de Córdoba, realmente estaba emocionado. Finalmente, como a las 5 de la tarde del día 10 de enero llegamos a la Terminal de Transporte, yo eché un ojo para ver si veía a alguien de mis primos esperándome, pues a todos los esperaban los familiares, pero ese no fue mi caso a nadie vi, así que debía preguntar dónde se tomaban los taxis y tomar uno que me llevara a la dirección que tenía apuntada en un papel. Llegué al conjunto residencia donde vivía mi prima, para mí todo era nuevo, ese sitio de calles empedradas, cuyas casas parecían castillos, eso me parecía demasiado suntuoso para mí, cuando llegué a la puerta, me recibió mi prima y su esposo, fue un recibimiento fraterno, debería decir que también estarían temerosos de recomendarme porque era de todas maneras una lotería de que yo no los hiciera quedar mal. Esa misma noche mi prima me sugirió que tomara un baño, medio me explicaron la cuestión de las dos llaves, la fría y la caliente, y me metí a la ducha, primero me congelé y después me estaba quemando, así que me volví un ocho y de inmediato solté un grito de auxilio, así que tuvo que entrar Carlos Bernardo, hijo de Himelda, a auxiliarme y a decirme otra vez como era el sistema de esas llaves, esta vez le presté mucho cuidado para que esa situación no me volviera a pasar.

A la mañana siguiente, Himelda procedió con mucha delicadeza a revisarme la maleta para ver la ropa que había llevado, porque no era lo mismo la vestimenta para la costa que para Bogotá, obviamente por las condiciones climáticas tan diferente. Cuando empezó a ver mis pantalones blancos, de colores muy pasteles, y camisas de flores en tela de chalis, que para esa época estaban muy de moda en la costa claro está, yo solo veía la cara de preocupación de mi prima, hasta que finalmente pronunció unas palabras en tono suave para no herir susceptibilidades, que esa ropa la tenía que devolverla a la costa, solo me seleccionó unos tres pantalones y como 2 camisas y preguntó ¿Cuánto dinero trajiste?, yo de inmediato respondí $280.000, prosiguió ella diciendo: bueno, lo primero que vamos a hacer es salir a comprar unos vestidos enteros al almacén Everfit, que ahí la ropa es buena y no tan costosa, así que después de tomar el desayuno nos fuimos y si compramos dos vestidos con sus respectivas corbatas y tres camisas, con los cuales tuve que vestirme durante un buen tiempo, uno me quitaba y el otro me ponía. Pues del dinero me habían quedado solo $40.000, con eso debía sobrevivir hasta mi primer sueldo.

Al día siguiente llegó el momento de ir al que sería mi nuevo sitio de trabajo, por supuesto me coloqué mi vestido y Bernardo, el marido de Himelda, me enseñó a hacer un nudo sencillo de corbata, así fue, salimos para el ICAV, teníamos que atravesar gran parte de la ciudad, ya que veníamos del norte hasta la zona céntrica de la ciudad, cuando llegamos Himelda y yo, nos recibió Elizabeth, la secretaría, una señora alta de apariencia gruesa y de cara redonda, pero siempre sonriente y amable, quien después sería mi gran amiga y a quien cariñosamente llamamos Liz, nos dijo que esperáramos un momento que el doctor Peñalosa estaba ocupado; 20 minutos más tarde llegaría el momento de hacernos pasar, yo la verdad, estaba nervioso, pero Amparo me había hecho una recomendación que tomara una pastilla tranquilizadora antes de ir, así que eso lo hice, estaba sereno. Himelda estaba radiante y se saludó con muchos abrazos con él, lo cual me tranquilizaba mucho al ver tanta familiaridad entre ellos; yo al verlo me sorprendí con su estatura, era una persona alta y de voz fuerte, quien mirándome dijo: así que tú eres el famoso primo de mis vecinos, me hizo algunas preguntas y llamó inmediatamente a la Subgerente, la Dra. Piedad para que me indicara mi puesto de trabajo y me diera algún material para leer con relación al tema las corporaciones y que inicialmente le ayudaría a Alexandra, quien se encargaba de hacer un boletín estadístico de las 10 corporaciones que habían en ese momento.

Los días siguientes, me iba con el Dr. Peñalosa en el carro, y me empezaba a hablar, que cuales eran mis sueños y yo siempre decía «yo vine a estudiar así me toque comer tierra», que lo que más quería era presentarme a la Nacional a hacer una maestría en Análisis Matemático, él mirándome extrañado pronunció estas palabras «y es que usted quiere ser maestro toda su vida», no tengo otra opción, contesté. El siguió hablando: Claro que sí, en la Universidad de los Andes hay una maestría en Economía que no necesariamente es para economistas, se la averigua cuando lleguemos a la oficina, que la maestría se la voy a financiar, porque yo quiero que usted sea alguien importante y que si va a ser profesor, pues sea rector de una Universidad. Aquellas palabras me sonaron como música para mis oídos, porque era más de lo que yo estaba buscando, además, con la experiencia que viví en el colegio, no lo podía pensar dos veces. Así que apenas llegamos a la oficina, lo primero que hice fue llamar a los Andes, pero nada, salí decepcionado, si la había pero el horario era hasta las tres de la tarde, ese horario no me servía porque a qué horas trabajaba, enseguida le comenté lo sucedido al Dr. Peñalosa, quien dijo averigüe entonces en la Javeriana, y eureka, allí si la había y era en la mañana de 7 a 9 y en la noche de 6 a 10, esta si era, no lo podía creer lo que estaba pasándome, era Dios quien estaba manifestándose ante mis ganas de salir adelante.

En la tarde fui a la Javeriana, averigüé lo relacionado con la maestría, lo que tenía que hacer para entrar en el programa, cuando estoy allá enfrente de las carteleras de información me encontré a dos jóvenes, Ricardo y Jorge, quienes eran Ingenieros Civiles, egresados de muy buenas universidades en Bogotá, y trabajaban en el Departamento Nacional de Planeación, hablamos, nos presentamos, ellos después serían mis mejores amigos en la maestría.

Mientras en casa de Himelda, aunque se habían portado de manera excelente, ya habían pasado dos semanas y como se dice por ahí «la visita después de tres días ya huele mal», así que yo debía estar apestando, razón por la cual le empecé a decir a ella que era hora que yo me mudara, que me ayudara a averiguar y así fue que fuimos al barrio Milenta, hacia el sur de la ciudad, donde Pepa, hermana de la cuñada de Himelda, pero con tal mala suerte, que la señora Pepa se encontraba en Córdoba, así que tuvimos que buscar otra opción y fue cuando llegamos donde una señora en el barrio Chapinero, mi primera pensión, por supuesto, había que pagar por adelantado y yo no tenía dinero para eso, Himelda como siempre salvando la patria, me facilito dinero prestado, hasta que me pagaran el primer sueldo, ese sueldo tendría que alcanzar para muchas cosas, empezaba a sentir la falta que me hacía mi familia y también a estar supremamente agradecido por la ayuda que me brindaron, puesto que ahora tenía que comprar todo, hasta la pasta dental y el jabón para bañarme, entendía y estaba agradecido con Amparo, a veces no valoramos y creemos que cuando se nos dice que ahorremos, que cuidemos, es porque nos quieren fastidiar y cantaletear y no es así, las cosas hay que valorarlas, porque cuestan.

Mi estadía en esa casa fue un poco corta, afortunadamente, porque el arroz era medido en un pocillo de tinto y todo lo que servían era muy recortado, el jugo era en los vasos más pequeños que vendían en el supermercado, en esa casa solo duré un mes y me mudé para donde Pepa, quien finalmente regresó y me dio posada en su casa, aunque era bien lejos del sitio de trabajo, bueno, pero no todo siempre sale perfecto, hay cosas que uno tiene que sacrificar por el beneficio de otras. Yo lo único que esperaba con mucha ansiedad era mi entrada a la Universidad, ese primer semestre fue de reconocimiento de la ciudad, me compré unos zapatos tenis en la calle décima y literalmente en la propia calle, me costaron $6.000, me parecieron regalados, además de otros vestidos todo muy económico, puesto que no me quedaba mucho del sueldo después de apartar la vivienda y los pasajes.

Llegado el segundo semestre del año 1992, llegaría mi ingreso a la Universidad, me encontraría nuevamente con Jorge y Ricardo y Clara Inés Rueda, una periodista del externado, ese primer día nos hicimos amigos y formaríamos un grupo para hacer los trabajos, el de menor capacidad económica y el de menor carrera, por decirlo así, era yo, pero tendría que demostrarles que a pesar de no haber sido egresado de una universidad prestigiosa era igual o mejor que ellos. Me sentía cumpliendo el sueño de mi vida y nada ni nadie me impedirían culminarlo. Ellos me empezaron a llevar a sus casas, sus familias fueron lo máximo, todos me acogieron como si fuera un miembro más, tengo que decir que los papás de Jorge serían mis segundos padres en Bogotá. Ellos y toda su familia me apreciaban, aprecio y cariño que es correspondido, pues sus padres eran como los míos en Bogotá, hasta tal punto que muchas veces estudiando en la casa de ellos, el papá de Jorge hasta me preguntaba ¿Do you need Money? Como si no quiera hacer la pregunta en español y la hacía en inglés, que si yo necesitaba dinero, para él darme, a lo cual yo siempre le dije que no, que yo estaba bien; es más, cuando íbamos a la finca en Carmen de Apicalá, no dejaban que yo gastara un solo peso e incluso delante de mí, su familia hacía comentarios muy personales y yo opinaba como si fuera un miembro más de ellos y Gloria, la mamá de Jorge ni se diga, un día resultó comprando dos suéteres iguales, uno para Jorge y otro para mí, ahí sentí el gran aprecio y cariño que esa señora me tenía. Así que solo puedo tener recuerdos maravillosos y una gratitud enorme para con ellos.

En ocasiones mis compañeros querían estudiar de noche en la casa de alguno de ellos, yo ya había dado señales de mis aptitudes como estudiante disciplinado, lo que pasaba era que me tocaba venirme en taxi, hasta que un día me revelé y dije que yo estudiaba solo, porque no tengo dinero para estar gastando en taxi, así que ellos lo que dijeron fue que sin mí no estudiaban y que si ese era el inconveniente ellos me traían de regreso, así es que ya estaba demostrando que sin salir de una Universidad prestigiosa era muy bueno en lo que estudiaba, hasta la misma Clara Inés decía y sacaba cuenta de las universidades de los demás que no eran muy reconocidas y me miraba a mí y decía: pero mira, tú eres de una Pública pero eres muy bueno, es que la Universidad no hace al estudiante, es al contrario el estudiante hace a la Universidad, así que lo único que importa son las ganas y el deseo de salir adelante.

Mientras me seguía escribiendo con Merina, un poco más espaciado, recuerdo que ella estando yo viviendo en la casa donde Pepa, me envió un diario escrito por ella, desde el día de mi partida para Bogotá, ese diario era hermoso, realmente estaba escrito el amor que decía sentir por mí, yo era como un Dios para ella, sus sueños conmigo contados ahí, era algo realmente maravilloso, lo conservé como un tesoro por mucho tiempo hasta que un día pensé que eso debía terminar, estábamos muy lejos en primer lugar, yo ya me estaba codeando con otra gente en esa Universidad tan aristocrática con esos amigos que tenían novias de mucha clase, yo también estaba pensando que merecía una persona mejor de otra condición social, tan bobo nuevamente yo, que no valoraba el verdadero y el más puro amor que alguien puede sentir por uno, así que un día decidí hacer una carta para terminar la relación, no sé qué explicaciones di, tal vez a que nos diéramos un tiempo, que había conocido otra persona, no lo sé, creo que esa carta fue una noticia fatal para Merina, porque después de terminar el primer semestre y la llegada de diciembre, yo soñaba con diciembre, en mi cubículo de oficina tenía un calendario y cada día que pasaba lo tachaba, contando los días para regresar a mi casa en Pueblo Nuevo, no veía la hora de ver nuevamente a mis padres y a mis amigos del barrio, efectivamente regresé a Montería y me vi con Merina, la invité a cenar y darle la cara, ese día llevaba un vestido amarillo degradado y que daba hasta tonos naranjas, como siempre terminamos hablando hasta muy tarde, ella decía que sin mí la vida no tenía sentido y que se tiraría al río Sinú, yo la atajé y le decía que yo lo que merecía era su odio, para tranquilizarla y que así eran mejor las cosas, hasta que logré llevarla a su casa y quedé tranquilo.

En el año 1993, volví a la ciudad de Bogotá a continuar con lo que había empezado, era mi segundo semestre y vería otras materias, entre las cuales estaba Macroeconomía avanzada con Fabio Sánchez, quien había hecho un doctorado en Economía, la verdad, su clase era una clase de matemáticas de muchas ecuaciones con múltiples variables y en definitiva eso era muy fácil, yo, que había estudiado matemáticas, por supuesto saqué ventaja y al finalizar el semestre todos mis compañeros dijeron que para el siguiente semestre de ese año yo debería ser el monitor de Fabio, así fue, al semestre siguiente era Monitor, ya empezaba a ganar un dinerito extra. Además, Ricardo mi compañero era profesor de la Javeriana en el programa de Ingeniería Industrial, pero Ricardo había aplicado a una beca en el DNP para Holanda, sino estoy mal y lo aceptaron, así que abandonaría la maestría y se iría a Europa a estudiar a partir de 1994, mi amigo Ricardo a quien recuerdo con mucho cariño abandonaría el barco y solo quedaríamos Clara Inés, Jorge y yo. Así que nos recomendó a Jorge y a mí para que a partir del 1994 empezáramos a dar clases en la Javeriana en la misma facultada donde él estaba. Así fue como empezamos dictando Microeconomía, además me dieron macroeconomía para estudiantes de séptimo semestre en la misma facultad de Ingeniería Industrial. El día en que me dieron las clases en la Universidad salí corriendo a la oficina a contarles a todos y en especial a mi querido doctor Enrique Peñalosa. Cuando le dije, él se levantó y dijo «yo pensaba que la inteligencia de los hijos de Himelda venía por el papá, pero me equivoqué, la inteligencia viene es por su familia», por supuesto, se puso de pie me abrazó, estaba muy contento por lo que me estaba pasando.

En el año 1994, ya tenía una vida bastante atareada, trabajaba en el ICAV, estudiaba la maestría, era el monitor de Fabio y dictaba clases en la Universidad, pero quiero contarles como fue mi primera experiencia en esas clases, llegué al salón como siempre de primero, coloqué mis libros en el escritorio, porque aún no tenía una maleta, y me colocaba en la puerta a esperar a mis estudiantes, quienes al verme no pensaban que yo era el profesor y yo solo escuchaba que unos les decían a los demás no aún ese viejo no ha llegado, claro yo tenía una pinta de estudiante única, pero bueno, me tocaba decir «el profesor soy yo», como estaba tan marcado por mi experiencia de docente en el colegio de Montería, no quería y no podía permitir que me pasara lo mismo, una vez entraron los estudiantes, yo con voz muy agresiva me presentaba, los alineaba y decía como iba a ser la metodología; explicando eso había una niña peli mona que estaba hablando con sus compañeros de al lado lo que me hizo recordar inmediatamente mi pasado como profesor, así que la quedé mirando airado y le pregunté: cómo es su nombre, ella respondió en voz muy baja María Victoria, le dije no la escuché, puede usted hablar más duro, el curso empezó a ponerse tenso, ella también y dijo ya más seria y como con algo de rabia su nombre casi gritado, yo volví a decir de manera muy seria que ojalá que ninguno de ustedes esté en mi clase como ella porque le va ir muy mal, que esto sirva de ejemplo para saber cómo debemos comportarnos en el salón, mientras yo esté en clases y así fue en las siguientes clases y semestre; otra alumna una vez se me acercó a decirme que no podía asistir a mi clase porque era integrante de un grupo musical y que tenía una presentación fuera de la ciudad ese día, a lo que le respondí con mucha altivés que ella por qué me contaba eso, ese era su problema y no el mío, aunque hay que decir que este comportamiento duro y tosco solo lo asumía durante el primer mes de clases, después iba siendo más amigable, hasta terminar el semestre con mucha empatía con ellos, pues lo que pensaba por aquel tiempo era que las primeras clases eran fundamentales y donde el profesor se hacía respetar.

Por otra parte, en mi casa de Pueblo Nuevo las cosas estaban mejorando y mejorarían aún más con mi nuevo trabajo de profesor en la Universidad, mis papás vivían con mi hermana Gloría, quien era la secretaria del Alcalde desde el año 1992, año en el cual yo viajé a la ciudad de Bogotá, por lo menos ella suplía las necesidades de alimentación; yo por mi parte cada vez que venía en diciembre venía cargado de regalos para mis sobrinos y traía la ropa de Don Víctor mi papá y de mi querida madre, le compraba telas para que se mandara hacer vestidos, como le gustaban los vestidos. La vida de ellos empezaba a cambiar, desde ese año me encargué de la ropa de ellos y con mi hermana Gloria que se había casado sin terminar el bachillerato, ahora que trabajaba en la Alcaldía del pueblo, lo estaba haciendo en Planeta Rica en el Colegio Nocturno presencial, empezaba a esforzarse por lo que quería, se había dado cuenta que en la vida había que hacer por uno, yo me sentía muy orgulloso de ella, y posteriormente viajaba todos los días a Montería a hacer una carrera tecnológica y viajaba a las 5 de la mañana a Pueblo Nuevo para entrar a su trabajo a las 7, eso era tener ganas de superación, esa era mi admiración, no quedarse en el hueco sino salir y demostrar que uno es valeroso y que querer es poder, yo enviaba mi sueldo de la Javeriana para la casa, era como si ese sueldo no existiera. Como pueden percibir la vida estaba cambiando de una manera sorprendente y no solo para mí sino que cambiaría para todos los de mi familia.

Peñalosa, ese año 1994, renunció al ICAV para ser candidato a la Alcaldía de Bogotá y me abandonaría en ese trabajo, yo continué haciendo campaña con él, los fines de semana repartíamos propaganda en los centros comerciales y en los peajes de la ciudad, me sentía muy importante al lado de él, la verdad yo pensaba que esa Alcaldía no se la quitaban a Peñalosa, que él sería el Alcalde y que cumpliría también su sueño, pero que va, perdimos con Mockus. Después de la derrota, Peñalosa se fue nuevamente para el sector privado y yo aún ahí con mis trabajos y mi estudio. Al empezar el segundo semestre le comuniqué a Fabio Sánchez que no seguiría con su monitoria, porque la verdad no me pagaban bien y me desgastaba mucho, Fabio quería que le hiciera y cuidara los exámenes, pero imagínense cómo es la vida, como en septiembre de ese año a Fabio lo nombran Director de la Unidad de Análisis Macroeconómico del Departamento Nacional de Planeación, cuando Jorge me llama esa tarde a darme la noticia, me alegré y me entristecí porque yo le había renunciado a la monitoria y era mi hora de entrar al DNP, en donde trabajaba Jorge; además, Peñalosa siempre me decía: debe entrar allá porque de ahí es donde los mandan a estudiar en el extranjero, eso era un reto para mí, pero Dios era suficientemente bueno conmigo, así que me llené de valor y llamé a Fabio inmediatamente a felicitarlo por supuesto y a decirle que me tuviera en cuenta para trabajar en el DNP, que no se olvidara de mí, así que él me dijo que le llevara una hoja de vida, para ese entonces ya la maestría estaba finalizando, solo quedaba el trabajo de grado para el primer semestre de 1995.

Así lo hice, le llevé la hoja de vida a Fabio, entrar a Planeación Nacional sería de mucha ayuda para todos, después de esto pasó un mes y nada que se me daba el trabajo en el DNP, hasta que un día del mes de noviembre me llama Aurita la Secretaria de la Unidad de Desarrollo Territorial del DNP para que asista a una entrevista de trabajo con la Directora, esa era mi oportunidad, fui y bueno, conseguí el trabajo como contratista inicialmente, pero estábamos hablando de un sueldo de casi un millón de pesos mensuales, eso era muchísimo dinero para mí, yo solo ganaba en ese entonces $350.000. Al recibir esa noticia llamé a todos a mi casa, a mi hermana Amparo, a Himelda, a Peñalosa, estaba enloquecido de la felicidad. Un mes después, es decir en diciembre, hice cambio de todo, le dije a mi hermana Patricia, que vivía en otra residencia estudiantil, que se pusiera pilas a buscar un apartamentico para irnos a vivir juntos, que yo me encargaría de comprar las cosas, le regalé mis camisas iniciales que había comprado a la empleada de mi pensión y le daría un regalo en dinero para que comprara unas tejas que necesitaba para su casa. En diciembre de ese año, no viajé para la ciudad de Montería por tierra, viajé en avión, me había comprado una maleta bonita, estaba muy orgulloso de mí, llevaba muchas telas para mi mamá y ropa para mi papá, en diciembre hablaríamos de los planes de todos y en todos estaba involucrado yo, primero Gloria expresó que quería salir de Pueblo Nuevo y que porqué yo no la ayudaba a viajar a Bogotá, bueno yo que siempre la admiré por su tenacidad y ganas de salir adelante, le dije que por supuesto; Amparo como siempre analizando estos planes dijo que eso no era tan sencillo que debíamos pensar en papá y mamá, porque Gloria era la que los acompañaba, así que si ella salía, debíamos pensar en cómo hacer para que nuestros padres se trasladaran a Montería, en lugar cerca de ella para estar pendiente. Mi papá que estaba escuchando el cuento, lo primero que dijo fue que él a casa arrendada no se iba, porque él no iba a buscar que un día lo sacaran echado de un lugar por no tener lo del arriendo, que si no era en casa propia no se iba. Además, que había que pensar como se hacía con nuestra casa en el Pueblo, que había que reformarla, cambiarle el techo de palma por eternit y hacerle una división para sacar dos apartamentos que ellos pudieran arrendar para ayudarse en Montería. Así fue como nos pusimos manos a la obra, llegada la Semana Santa del año 1995, nos reunimos nuevamente, yo quedé en enviar el dinero para el techo, y entre los tres prácticamente Amparo, Gloria y yo haríamos las obras necesarias para la división de la casa. Así mismo, quedé en comprar una casa en Montería cerca de Amparo para cuando se llegara el momento de la partida. Tal cual hicimos lo acordado, ese mismo año Amparo me avisó de la casa y la compré con un crédito bancario, cambiamos el techo de la casa de Pueblo Nuevo y empezamos las obras de división, no se imaginan la felicidad tan grande cuando compré la casa para mis padres, por supuesto había que hacerle remodelaciones pero esa felicidad es indescriptible, me sentí en ese momento completamente realizado.

En Bogotá, llegaría el día de mi graduación, la fiesta la planee en compañía de mis primos Arturo e Isaías y sus respectivas familias y mi hermana Patricia quien vivía conmigo, la fiesta la hicimos en la casita que teníamos arrendada, que quedaba en la parte trasera de una gran casa en el barrio Cedritos de Bogotá, era muy chiquita pero acogedora, teníamos lo necesario las camas, un equipo de sonido, unos muebles de sala y comedor en Bambú y una neverita que había comprado a una muchacha que vivía en la misma pensión de doña Lucía, donde yo vivía, no necesitábamos más. Para el día de la fiesta invité por supuesto a mis familiares, a Peñalosa y su esposa, a Fabio Sánchez e Ileana Kure mi jefe y no podían faltar mis amigos del DNP, fue algo sencillo pero nos quedó de maravilla, lástima que por esa época no pude enviar por mi madre, pues estaba un poco alcanzado con los compromisos que había asumido. Mis amigos del DNP me regalaron una maleta, mi primera maleta, para que pareciera un ejecutivo y todo un profesor en la Javeriana, todo era alegría, las cosas se iban acomodando de una manera sorprendente, pero bueno la dicha tampoco duraría eternamente; para el mes de junio de ese año me llamaron de la Universidad y me dijeron que los alumnos se habían quejado de mi comportamiento grosero y que habían pasado un escrito, contando como los trataba en el salón de clases para con ellos y que por ese motivo daban por terminado mi contrato en la Universidad, la verdad no esperaron a que pasara el primer mes y no me dieron chance de tener una relación amigable con ellos, de todas formas esa noticia me cayó como un balde de agua no fría sino helada, porque era una renta menos que se me escapa de las manos y había que empezar a recortar el envío de dinero para la casa. Sin embargo, mi gran amigo y compañero del DNP al verme la desesperación me dio un gran consejo y me dijo que habían otras Universidades en donde podría buscar trabajo, pero lo importante era que aprendiera de mis experiencias como docente, que buscara un punto medio, el punto de equilibrio. Bueno creo que lo pensé, lo reflexioné y esos meses fueron de una apretada de cinturón, como no se imaginan.

La melancolía también se había apoderado de mí, nada que conseguía a alguien que llenara mis expectativas, así fue que decidí dar una vuelta a mi vida, primero me rapé la cabeza por ese entonces, me corté el cabello bien bajito, le dije a la niña que me lo cortó que me pasara la máquina N°. 1, estando con este corte de cabello, abrí el directorio para seleccionar a que Universidades iría a dejar mi hoja de vida a ver si para el año 1996 yo retomaba mi actividad de docencia, busqué como a tres, la Piloto, la Gran Colombia y la Salle, empecé mi recorrido en ese orden, la Piloto no me tomó como muy en serio, la Gran Colombia, el decano quedó fascinado, quedamos en volver a hablar y en la Salle hablé con la secretaria, le dije el motivo de mi visita, le pregunté si le dejaba la hoja de vida, pero ella me insistió que por qué yo mismo no se la entregaba al secretario académico, que él estaba atendiendo estudiantes esa noche, bueno así fue como hice la fila de los estudiantes hasta que me llegara el turno de hablar con él, cuando me tocó, lo primero que le dije fue que yo no era estudiante que lo que quería era dejarle la hoja de vida para docente, él la miró y dijo que era muy interesante trabajar en el DNP y que ya había sido docente en la Javeriana, me miró y preguntó por qué había escogido La Salle, a lo que inmediatamente respondí: mirc si espera escuchar que La Salle es lo máximo, no sé nada de esta Universidad, la escogí a dedo en el directorio, él se sonrió y me dijo: estás contratado para el siguiente semestre en el área de Macroeconomía I y II en la Facultad de Economía y que en la semana siguiente llevara los documentos correspondientes, así funciona Dios, bueno ese día salí lleno de optimismo, ya había conseguido el ingreso que estaba dejando de percibir. En esa Universidad me mantuve 10 años de mi vida, conseguí el equilibrio e hice una relación maravillosa y estrecha con los alumnos, no solo era profesor, era confidente, daba consejos al que me los pedía y hasta de paseo me iba con ellos, eso si, siempre guardando la distancia alumno-profesor. Es mas, les decía que eso de compartir era un arma de doble filo para ellos, porque de quien yo esperaba más, era de ellos, que les había brindado mi amistad. Lo cierto fue una gran experiencia, logré el punto intermedio tan difícil de alcanzar y me gocé cada clase que dicté en esa Universidad, logré conectarme con los alumnos, sin necesidad de malos tratos, más que un profesor llegué a ser un amigo de cada uno de ellos y en especial de los buenos estudiantes, que hacían que yo me viera de alguna manera reflejado en ellos.

Como estábamos en los cambios drásticos de mi vida, un día viernes del mes de octubre o noviembre me encontré con Fidel, un chocoano que había conocido en la pensión de doña Lucía, también había estudiado matemáticas, dictaba clases en un colegio privado de Bogotá y si no me equivoco estudiaba derecho, el hecho es que me alegró verlo y lo invité a tomar unas cervezas en el apartamento, mi hermana Patricia ya estaba dormida, colocamos música y empezamos a tomar y a conversar sobre las cosas, ya yo entonado le conté que me sentía muy solo en esa ciudad y que en Montería había dejado una novia que me quería muchísimo, a lo que él me dijo por qué dejar a las personas que persiguen los mismos sueños que uno, que son luchadoras y con ganas de salir adelante y que además lo quieren a uno, que no valía la pena ir detrás de otras que uno ni sabe cómo lo van a tratar, de inmediato me hizo reflexionar y les digo que en su presencia y como a las 2 de la mañana tomé el teléfono y marqué a la casa de Merina, qué susto el de esa gente, una llamada a esa hora muchas veces no es para buenas noticias, no sé quién me contestó y le dije que me pasara a Merina, que emoción la de ella al escuchar mi voz y que alegría para mí oírla nuevamente, le dije que la extrañaba y que me diera una nueva oportunidad y ahí empezamos nuestro idilio otra vez, ya no había nada que me atajara, esta vez era para casarme y dejar de buscar lo que uno ya tiene, así que desde el día siguiente empezaron las llamadas y el envío de cartas de amor, además ella siempre hacía sus propias tarjetas, especiales, dedicadas al inmenso amor que me tenía, la verdad no tengo palabras para describir el sentimiento que nos unía. Ya tenía claridad en otro aspecto de mi vida el sentimental, sabía lo que iba a hacer, solo me atajaba el viaje a Londres para irme a estudiar, porque por supuesto, Peñalosa me marcaba en revistas las mejores universidades de Estados Unidos y cuando iba a su oficina a visitarlo me las entregaba, diciéndome siempre que debía seguir estudiando y que dejara de pensar en Londres que en Estados Unidos estaban las mejores Universidades y por el otro lado tenía a Himelda, que cuando hablaba con ella me decía que cómo iba mi inglés y que a cuáles Universidades había aplicado, era una presión bastante fuerte para mí.

A finales de ese año, mandé a buscar a mi mamá y a Gloria para Bogotá a pasear, fueron para un diciembre, paseamos por todas partes, hicimos muchos recorridos por Monserrate, centros comerciales, visitamos a los primos, en fin mi mamá la pasó de maravilla y Gloria estaba conociendo la ciudad para emprender su viaje el año siguiente. En diciembre como todos los años yo viajaba para Córdoba, en el DNP, había turnos de la semana del 24 y la del 31, la cual siempre tomaba para mí, argumentando la lejanía con mi familia, eso nunca fallaba. Al año siguiente efectivamente los primeros días de enero llegaría mi hermana Gloria con su hijo Carlos Andrés a vivir con nosotros, empezaba otra etapa para ella, lo primero era ubicar a Carlos Andrés en un colegio público, para lo cual hablamos con un amigo cuñado de mi primo, quien nos consiguió el cupo, un problemilla resuelto, el otro por resolver era conseguir trabajo para Gloria, ese iba a estar más duro, pero teníamos que tocar todas las puertas porque optimismo era lo que nos sobraba en esos momentos, así fue como empezó la peregrinación ante todas las personas que conocíamos, el primero fue Peñalosa, lo llamé y le dije, recordando las palabras de mi prima Himelda «que a quien se quiere es a quien se molesta», así mismo le dije: él que inmediatamente me preguntó que si hablaba inglés, porque de ser así le serviría como su secretaria personal, pero nada, el inglés no era lo fuerte de Gloria, entonces nos dio una carta de presentación para el Banco de la República, en donde la citaron para una prueba, por supuesto nos pusimos muy contentos con este inicio, parecía que el camino se despejaba bastante rápido, pero que va, uno no puede dar por sentadas las cosas ni alegrarse antes de tiempo, la prueba no la superó y nos quedamos con el primer cartucho quemado, ya daba pena ir otra vez donde Peñalosa.

Así que teníamos que pensar en nuestra segunda opción, Bernardo el esposo de Himelda, quien era el representante en Colombia de una firma multinacional de laboratorios, efectivamente para ayer es tarde, así fue como llamamos a nuestra prima para contarle lo que estaba pasando, ella por supuesto muy querida y amable nos dijo que fuéramos el sábado siguiente a su casa, estamos hablando del mes de febrero, frente a la casa había sembrado un árbol de brevas, las recogimos todas y Gloria hizo un exquisito dulce para llevárselos y no presentarnos con las manos vacías en su casa; llegado el día de la visita, fuimos, charlamos un rato largo con ellos, hasta cuando Himelda le dijo a Bernardo, su esposo, que por qué no le hacía una especie de entrevista a Gloria, para ver cómo la veía, esta entrevista empezó preguntándole ¿tú qué sabes hacer? Gloria un poco nerviosa empezó diciendo que estudió una carrera tecnológica en Programación de Sistemas y que se había desempeñado como secretaria en la alcaldía de Pueblo Nuevo y que sabía llevar archivos, entonces ese es tu fuerte, replicó Bernardo y de programación qué sabes, a lo que Gloria respondió que no era experta programando, que ella conocía los programas Fox y otro que no me acuerdo. Pasados unos minutos, Himelda ansiosa preguntó ¿cómo la viste? Y Bernardo dijo con mucha franqueza, como es su característica: está acabada en esta ciudad, sería bueno que considerara regresar a Córdoba. Por supuesto Gloria y yo quedamos atónitos ante esta situación y los cartuchos se estaban agotando.

Y bueno, los gastos en la casa crecían, ya no era solo Patricia y yo sino que se sumaba Gloria y su hijo Carlos Andrés, además de continuar seguir girando dinero a mis padres para poder llevar a cabo nuestro proyecto de mudarlos a la ciudad de Montería. Pero Himelda no desampararía a Gloria y días más tarde la llamó para decirle que una amiga de ella, que administraba edificios, le daría una ayuda contratándola para que le colaborara con algunas cosas propias de dicha actividad y le pagaría algo más de $100.000 mensuales, a lo cual Gloria aceptó, porque no había nada más en el panorama. Sin embargo, en el mes de junio, Arturo, un primo nuestro, hijo de nuestra querida tía Julia, quien junto con su esposa trabajaban en la Contraloría General de la República, le avisaron a Gloria del concurso para cargos de carrera administrativa en esa entidad y que ellos también se presentarían porque sus cargos eran en provisionalidad. Así fue como Gloria estudió, recuerdo que le compré unas leyes en la calle para que estudiara, era su oportunidad de seguir en la capital y de seguir con sus objetivos vivos, estudió mucho para el examen. Llegado el día de los resultados del mismo, se dio la gran sorpresa mi primo y su esposa no alcanzaron el puntaje para pasarlo y Gloria si, así son las ironías de la vida, o más bien así son las ganas de salir adelante, cuesta mucho sacrificio y ella lo estaba haciendo para después ver reflejado todo ese esfuerzo, entrando por la puerta grande a la Contraloría, su primer logro estaba superado. Más adelante entraría a estudiar Economía en la Universidad Autónoma de Colombia y ganaría la beca en la mayoría de sus semestres, demostrando «que querer es poder».

Por otra parte mi relación con Merina crecía, estábamos más conectados que nunca, lo tenía claro y lo ratificaba aún más que ella sería la mujer con quien compartiría mi vida y tendría mis hijos. Bueno, para abril de ese año 1996, como mandado de Dios me salió una comisión del DNP para el Departamento de Córdoba; por supuesto viajé un poco antes de la misma y lo primero que hice fue ir a Pueblo Nuevo, porque para esos días fijamos la mudanza de mis padres a la ciudad de Montería y tenía que ir a supervisar los últimos detalles, contratar el camión que los traería y a decirle a la dueña de la ferretería del pueblo que cualquier cosa que necesitara mi papá se lo entregara que yo volvía en un par de días nuevamente y se lo cancelaría, pues aún faltaban algunas cosas para terminar la división de la casa en dos apartamentos. Así fue como después de visitar los pueblos en Córdoba que me tocaban, producto de la comisión, regresé a Pueblo Nuevo a terminar mi tarea de la mudanza. Esa noche no dormimos muy bien, estábamos ansiosos por la nueva vida que tendrían en la ciudad, sobre todo mi madre. A las cuatro de la mañana llegó el camión del señor Novato Chica, un señor bastante buena gente, que gozaba del aprecio y cariño del pueblo, para recoger los trastes de la mudanza, la mesa grande, los taburetes; entre las camas que se cargaron se echaron las de lona, en las cuales dormí infinidades de veces, sillas mecedoras de hierro y bueno los trastes de la cocina, algunos vecinos se levantaron y nos acompañaron esa mañana, antes de partir hacia un nuevo destino, una nueva vida, pero llena de esperanza, seguridad y confianza que las cosas estaban cambiando para bien. Eso si, jamás olvidaríamos aquel pueblo que siempre estará en nuestro corazón, que nos vio crecer, reír, llorar, sufrir, pero teníamos que buscar un mejor futuro para todos y esta partida sería el punto de inicio para mis papás de un mañana más alegre para ellos y de mayores comodidades.

Esa vez, después de nuestra llegada a la capital de Córdoba, desempacamos lo poco que trajimos y organizamos en la nueva casa; qué pensarían mis padres en ese momento, no lo sé, de pronto estaban preocupados de cómo les iría en esta aventura, sobre todo mi padre, quien no estaba muy decidido a dejar el pueblo. Bueno, le habíamos dicho a Beatriz mi hermana que se mudara con ellos, quien aceptó, pero con la condición de tener muebles y comedor nuevos, yo accedí a su petición y fuimos la mañana siguiente con Amparo, quien no podía faltar en todas estas bolatas de mi casa, a comprar a un almacén en el centro los muebles modernos, no tan grandes pero bonitos, dejé visto también un comedor para comprarlo más adelante, mientras tanto cargamos nuestros muebles y la casa se empezaba a ver diferente, era un buen comienzo para todos. Después me senté en la puerta de la calle y cuando pasaba la señora que vendía leche, la llamé y le propuse para la venta los taburetes, estaban bueno, así fue como le sonó la idea y los compró, ese dinerito se lo di a mi querida madre, ahí me tocaba por obligación comprar el comedor, el cual terminé comprándolo más adelante, porque ya estando en Bogotá en el trabajo en Plancación Nacional, como que alguien le sugirió a mi papá, «que nunca hablaba por teléfono», a que me llamara y me dijera que cuándo era que iba a comprar el comedor, ese día le dije: vayan inmediatamente por él, tal vez me dio mucho pesar que mi padre, que muy poco pedía algo, se atreviera a decirme a mí que lo comprara y lo que más quería era que se sintieran bien en su nuevo hogar.

La verdad, estaba tan entusiasmado y tan orgulloso de haber ayudado tanto a mis padres, de sacarlos de esa miseria en la cual llegamos a vivir y hacerlos importante, estando en Bogotá, no veía la hora de venirme volado para ver cómo iban funcionando las cosas; así fue que en unas vacaciones me volé, en ese entonces, Amparo había planeado poner a hacer algo a mi hermano Armando, quien vivía con mis papás, él también había tenido sus problemas y rollos; como describir a Armando, una persona de estatura mediana, muy bien parecido en su época de juventud, pero no estudió, ese es el error de todos los que deciden no hacerlo, porque solo a través de éste podemos cambiar nuestra situación, bueno la idea brillante de Amparo era colocar en el garaje de la casa una tienda, así que llevó la mesa de comedor grande que usamos en el pueblo donde un carpintero para que le fijara en los extremos un palo, del cual colgara un peso de reloj en el centro. Mi tarea era comprarle el primer bloque de queso y el primer balde de suero en el mercado, así que lo trajimos esa tarde, lo colocamos sobre la mesa y yo empecé en la calle a promocionar a todo el que pasara los productos diciendo que eran traídos especialmente de la finca, así fue como empezó la cosa, al caer la noche ya no había un trocito de queso ni una gota de suero, la cosa había dado ganancias de casi el cien por ciento. En la madrugada del otro día ya fue él solo al mercado a comprar el doble de lo que se había comprado el día anterior y así fue como empezó un negocio que creció y se volvió prospero. Armando después complementó con otros productos como plátano, yuca, ñame y fue vendiendo, así mismo aparecieron los que surtían otras tiendas y le propusieron dejarle mercancía de víveres y abarrotes, consiguió estantes y hasta llegó a comprar un refrigerador y neveras para conservar el pollo y la carne que también vendía. Quién iba a pensar que ese negocio creciera de manera tan rápida, es más, en mis próximos viajes a Montería, que se hacían más frecuentes, yo mismo bajaba la mercancía de los estantes para echarle una limpieza, estaba más emocionado yo que el propio Armando, puesto que veía cómo tenía en la habitación de atrás hasta stop de mercancía, estaba realmente aterrado de como uno podía de muy poco hacer mucho, pero implicaba mucho sacrificio, la tienda es un negocio en donde uno tiene que permanecer casi todo el tiempo, abrir casi que la mayor parte del tiempo, para que la gente siempre supiera que ahí casi nunca cierran, eso precisamente no le empezaba a gustar mucho a mi hermano, además ya manejaba los bolsillos llenos de dinero y lo que hacía los fines de semana era irse para Pueblo Nuevo a invitar a sus amigos a tomar cerveza, aunque lo hacía realmente para demostrar que él manejaba dinero, que él ya no era aquel que pasaba con los bolsillos pelaos, pobrecito otra vez se estaba equivocando, porque la tienda fue decayendo, hasta que se acabó, con el pesar de Amparo y mío que habíamos sido los motores de ese proyecto, pero bueno que vamos a hacer cuando las personas solo viven de apariencia y no se concentran y aterrizan en su propio mundo. Así fue como nuevamente quedó sin un pesito y viviendo al lado de mis padres de lo que nosotros religiosamente enviábamos para ellos.

Por mi parte, la relación con Merina continuaba, estábamos más unidos y yo daba algunas señales en mi casa que estaba saliendo con ella. Cuando llegó diciembre de ese año me fui para la semana del 31, invité a Merina esa noche a mi casa. Esa noche la presentaría ante toda mi familia, cuando llegamos primero a casa de mis padres, mi madre no salió en toda la noche, era un desagravio, ahí estuvimos un rato, después nos trasladamos a casa de mi hermana Amparo, que quedaba muy cerca y allá Beatriz me dijo en el oído que «esperaba que fuera un vacilón», lo cual no me gustó, pero sabía que no podía armar show ni peleas con ellas ahí delante de Merina, así que decidí pasar la noche lo más tranquilo posible y hacerle agradable a ella su visita, aunque era muy evidente que no la pasaban del todo; según mi madre porque era morena y no pertenecía a una clase como la de nosotros, que ridiculez, pues era lo mismo que yo, veníamos de abajo luchando, estudiando para salir adelante, no sé, creo que eso hizo una situación muy tensa en la casa, porque estaban juzgando por las apariencias, sin conocer a la persona, sin ni siquiera darse la posibilidad de tratarla y conocerla, creo que me fui para Bogotá decepcionado, pero no me importaba ya había decidido casarme con ella y lo iba a hacer por encima de cualquiera. Así pasaron los primeros meses del año 1997, hasta el punto que llegó el día de la madre y por primera vez en la vida no llamé a felicitar a la mía, es decir, la cosa estaba muy tensa, situación que tampoco me gustaba, la energía era tan negativa que estando en el DNP, cuando la señora de los tintos me llevó un vaso con agua y me lo entregó éste se estalló en mis manos al yo tocarlo, sabía que esto estaba pasando por mi disgusto con mi madre, éramos tan unidos para ahora estar enojados. Aunque Amparo me decía que eso obedecía a que mis papás estaban pensando que si yo me casaba, les iría a quitar la casa y el apoyo económico, así que por ese lado me fui en las vacaciones de junio y hablé con ellos que no había que preocuparse por nada, que ellos para mí eran sagrados y que nada de lo que estaban pensando pasaría, que nadie los iba a mover de la casa y yo no dejaría de enviar el dinero de la comida, que las cosas volvían a mejorarse; así que invité de nuevo a Merina, y además le dije cómo conquistar un poco a mi madre que le comprara joyas, una cadena de oro para ser más exacto y que se la regalara, que mi madre era un poco interesada, y así lo hizo, y bueno ya se fue metiendo más en mi familia, las asperezas se estaban limando, por lo menos eso pensaba yo. Un día del mes de septiembre de ese año, llegué a la oficina del DNP, con el firme propósito de comprar apartamento en Bogotá, le dije a mis compañeros de oficina «Hoy es el día en que empiezo a buscar apartamento», hice algunas cuentas con cesantías y ahorros y tenía como 10 millones de pesos, saqué cuentas y con eso se podía comprar algo que no pasara de 35 millones y se podría conseguir en el norte, de pronto no en la zona más exclusiva, pero si en un sector bueno de la ciudad. Inmediatamente busqué por internet los clasificados de El Tiempo y empecé a ver opciones, así fue como compré un apartamento de 64 metros cuadrados, ubicado en el barrio Victoria Norte en un edificio de nombre Rodrigar, quedaba en el cuarto piso y daba con vista a la calle, tenía dos habitaciones, dos baños, sala comedor, cocina y un parqueadero, eso era suficiente para mí, ya estaba pensando en mi matrimonio.

Ese año, Beatriz mi hermana se casó en diciembre y para que en verdad se animara a hacerlo, yo le había prometido el juego de sala y de comedor, la idea era deshacernos en el mejor de los sentidos de ella, puesto que era una persona muy difícil y había dejado pasar los mejores años de su vida, así que pobre Gabriel, él se había ganado esa lotería. Merina y yo asistimos, además, ya habíamos dicho que nuestra intención también era casarnos para el mes de junio de 1998. De todas formas mi madre no se daba por vencida y llegado los primeros meses del año de 1998, llamó a mi prima Himelda para que hablara conmigo y me hiciera desistir de la idea del matrimonio. Efectivamente Himelda me llamó y empezó a decirme que uno tenía que casarse con personas de su mismo nivel social, palabras que eran absurdas, porque cuál era nuestro nivel social, sería únicamente el apellido De la Ossa, que cargábamos pero sin un peso en el bolsillo, porque nos tocaba guerrear mucho para poder alcanzar las metas, yo muy atento la escuché, por el respeto y cariño que le tenía a ella, cuando terminó de hablar, le dije y qué pasa con el amor, que yo me había dado cuanta que ella me quería mucho y que eso para mí era suficiente y que la decisión estaba tomada.

En esos primeros meses del año, Merina en Montería hacía todas las vueltas para nuestro matrimonio, contrató la orquesta, el cantante principal de la misma fue Eder Burgos, nombre que escribo y específico porque el mundo es un verdadero pañuelo, más adelante miraremos porqué digo esto. Yo viajaba con relativa frecuencia, el viaje de Bogotá – Montería ya se me había convertido en una medio rutina, acá hicimos el curso prematrimonial, hablamos con el párroco que nos casaría en la Catedral, porque ese siempre fue el sueño de Merina, casarse con un vestido blanco esponjoso y en la Catedral de la ciudad; ella organizó el arreglo de la iglesia, del sitio que sería nuestra recepción, le tocó muy pesado porque de todas formas yo, aunque venía con relativa frecuencia, no podía hacer mucho por ayudarla y más aún cuando ella trabajaba mucho por la mañana en el colegio privado y en las noches en un colegio nocturno de Planeta Rica, llamado José Hilario López, viajaba todos los días y regresaba muy tarde en las noches para madrugar al otro colegio. Empezamos a ahorrar de un millón entre los dos, ella colocaba 500 mil pesos y yo los otros 500 mil pesos, en una cuenta que yo había abierto especialmente para los gastos tanto de la fiesta como para comprar los muebles y la cama matrimonial para nuestro apartamento. En efecto, más o menos en el mes de mayo yo tenía todo listo, ya había comprado todo, era un sueño, los muebles aún tenían el forro del almacén, aunque mi hermana Gloria vivía conmigo y teníamos que usarlos con el forro, porque ese lo quitaría Merina el día en que ella entrara al apartamento como mi esposa.

Llagado el mes de junio, yo le había dicho a mi padre que repartiera en el pueblo unas tarjetas de invitación y otras de participación, a lo cual él se negó porque si no eran todas de invitación no llevaría ninguna, ante esa situación me enojé y de la misma rabia lo que le dije entonces no lleve ninguna, no se van a hacer tarjetas, creo que sin consultárselo a Merina, no sé si eso le molestó y se lo calló para no llevarme la contraria, que pesar porque no quedó de recuerdo una tarjeta de invitación de ese matrimonio, el cual estaba previsto para el 20 de junio que era un sábado, pero de la emoción no nos percatamos que ese año eran elecciones presidenciales en Colombia, las cuales se realizan en mayo y si llegase a darse una segunda vuelta las mismas se realizarían el domingo 21 de junio, como efectivamente sucedió y por esa razón tuvimos que colocar la fecha para el día 22 de junio, un lunes festivo. Qué falla, además, Merina le tocó ser jurado de votación en la segunda vuelta; yo pude viajar desde el miércoles 17 de junio a la ciudad de Montería a pasar mis últimos días de soltero y a acompañar a Merina el viernes a una despedida de soltera que le tenían las amigas compañeras de trabajo del colegio Privado. Recuerdo que del estrés me salieron muchas peladuras en la boca, tenía los labios realmente inflamados, el sábado empecé a llamar a mis familiares para que me acompañaran ese día al matrimonio, diciéndoles donde iba ser la ceremonia religiosa y la recepción; cuanto hubiese querido invitar a más personas de mi pueblo que ese día me acompañaran, pero pensando en el presupuesto que teníamos para eso, solo lo hicimos con familiares.

Llegado el día 22 de junio, ese día no vi a Merina, desde la mañana mi casa estaba ajetreada, le compré un par de zapatos a mi papá, que hacía mucho tiempo no usaba, pero ese día se los colocó, el peluquero fue a arreglar a mis hermanas Gloria, Beatriz, Patricia, a mi madre y después recuerdo que me dio un retoque a mí en el cabello para que se me quedara fijo el peinado, ese día mi casa estaba de fiesta, era como de esos 31 de diciembre en donde todos estábamos enredados, buscando que lo que nos pongamos nos quede perfecto. Cuando eran las 6 de la tarde ya nos tocaba ir para la iglesia, llegamos todo el combo, la iglesia estaba preciosa, cuidadosamente arreglada con muchas flores, yo entré y estaba nervioso, había que esperar a que llegara la novia, era como una de esas novelas rosas que vemos, era un bonito sueño; cuando llegó el carro que tría a la novia, recuerdo cuando se bajó Merina, parecía una princesa, yo la recibí casi que en la entrada de la iglesia, estaba con mi madre, Merina caminó hacia mí de la mano de su hermano Emerson, quien me la entregó, de ahí en adelante caminamos los dos hacia el fondo en donde estaba el padre que nos casaría, yo solo miraba a la gente sentada que nos acompañó en la ceremonia y ahí estaba mi hermana Gloria llorando cuando pasamos por su lado. Fue mágico nuestro recorrido, me sentía en unas de esas novelas de televisión, siendo yo el protagonista. Después de la ceremonia religiosa nos dirigimos al lugar de la recepción, no había palabras para describir el arco de entrada con nuestras iniciales entrecruzadas rodeadas de flores, entramos y el sitio estaba arreglado glamurosamente, la mesa en donde iría el bufet y las mesas de invitados y por supuesto la orquesta. Entre nuestros invitados habían solo familiares y compañeros del colegio en donde trabajaba Merina, quienes la pasaron de maravilla, fue una fiesta muy agradable. Nosotros como a las 2 y media de la mañana salimos para el Hotel Tocarema, en donde habíamos reservado una habitación para nuestra primera noche de casados. Al día siguiente nos dirigimos a casa de la Sra. Marta la mamá de Merina, es decir, mi suegra, en donde desayunamos y posteriormente a la casa de mis padres para despedirnos, pues nos iríamos para Bogotá a nuestro apartamento y posteriormente tomar el vuelo hacia la isla de San Andrés en donde sería la luna de miel.

Así fue, tomamos el avión para Bogotá ese mismo martes 23 de junio en las horas de la tarde, cuando llegamos al edificio, que Merina ni siquiera conocía, entramos, yo la presenté al portero como mi esposa, pasamos, tomamos el ascensor, abrimos la puerta del apartamento, en ese momento Merina irrumpió en llanto de la felicidad tan grande que la embargaba, del almacén, lo mismo que el colchón en donde dormiríamos, esperando ese momento para quitarlos y decirle que ella era la señora de la casa, yo la abracé muy fuerte para decirle que siempre estaría ahí para ella. Como el viaje a San Andrés era como en tres días, esos días los tomamos para hacernos a nuestra vida juntos solos, porque mi hermana Gloria aún estaba en Montería y tomaría unos días para regresarse. Cocinamos juntos, le echábamos de cuanto encontráramos en la nevera a la comida, eran unos días maravillosos, fuimos a una óptica y ella se probó unos lentes de contacto grises, los cuales le iluminaban el rostro, los compramos, se veía realmente linda, creo que sus ojos y la sonrisa me mataban, solo nos reíamos en esos días, la pasamos felices, luego llegó Gloria y nosotros partimos a la luna de miel, madrugamos muchísimo para tomar el vuelo, llegamos a uno de los hoteles más lindo de la isla, Decameron Mar Azul, este hotel era increíble, tenía un bar en medio de la playa como una especie de muelle, y por las noches hacían unos espectáculos involucrando a sus huéspedes. Los restaurantes de lujo, con música en vivo, nosotros por supuesto le pedimos la canción que más nos gustaba *El camino de la vida*. Nuestra luna de miel fue todo un éxito, regresamos cargados de regalos para nuestros amigos, después del regreso a la ciudad de Bogotá, nos quedamos otros días ahí, hasta que Merina tenía que devolverse para Montería para continuar con sus trabajos, los colegios público y privado y yo reintegrarme al DNP. Cuando la llevé al aeropuerto y regresé al apartamento yo venía con el alma destrozada, con el corazón arrugado, llegué y la llamé y no pude más lloré por ese teléfono como no tiene idea, era como si me hubiesen arrancado un pedazo de mi vida, estaba tan solo, se sentía la soledad por donde pasaba, bueno hasta que otra vez uno se adapta y esperando eso con mucha ansiedad los puentes festivos en donde Merina viajaba religiosamente a Bogotá, así pasaron los seis meses restantes hasta la llegada de las vacaciones a finales de noviembre en donde regresaría a Bogotá a quedarse hasta ahora toda la temporada. Ese diciembre mi sobrina Verónica y mi madre viajaron también a acompañarnos, habíamos arreglado el apartamento, y comprado árbol de navidad y algunos adornos navideños, el apartamento estaba acogedor, salimos a todas partes, se respiraba felicidad en mi hogar, mi madre estaba feliz, atrás habían quedado esas rencillas del pasado y esa desconfianza hacia mi esposa; al final de año regresamos todos a Montería a pasar el año nuevo, nos quedamos en casa de mis padres y todo era perfecto. En enero volvimos a la ciudad de Bogotá, teníamos que movernos rápido en un trabajo para Merina allá y buscar su traslado de ella para un colegio público, aprovechando que ahora estaba Peñalosa como Alcalde.

Así fue que empezamos primero a llevar hojas de vida de Merina a los colegios privados, La Salle, y otros que quedaban cerca y también la llevamos al Gimnasio Iragua, que era de la misma línea ideológica del Vallegrande, en éste tuvimos suerte, la llamaron para una prueba, la cual realizó y le dijeron que esperara a que la llamaran, bueno, había que hacer eso y orar a Dios para que las cosas se dieran. Mientras tanto yo le había comentado a Peñalosa que me quería salir del DNP porque no me iría a estudiar como él quería, me había casado y estaba decidido a establecerme como esposo y a formar una familia, así que me envió a hablar con una Sra. Lilia Aurora del Departamento Administrativo de Planeación Distrital, que ahí había una oportunidad para mí como Director de la Udeco, ésta tengo que decirlo era una ofician en decadencia, ahí se tramitaban y viabilizaban los proyectos que serían financiados con recursos de los antiguos fondos de cofinanciación, pero ya éstos no estaban financiado, realmente lo que estaban eran liquidando todos los proyectos que habían cofinanciado, así que ese fue prácticamente mi labor de liquidador de la Udeco, no era lo que esperaba, pero bueno, el sueldo se había duplicado, a lo que ganaba en el DNP, así que no me importó la carrera administrativa y salté a ser un empleado de libre nombramiento y remoción, bastante arriesgado, porque eso solo sería por el período de Peñalosa y después qué, la verdad no lo pensé y me fui a trabajar al Distrito.

E l 23 de enero de 1999, ese día estaba de cumpleaños Merina y en el apartamento estaban sus hermanos menores Maru y Alex pasando vacaciones; era un sábado y solo estaba empezando la mañana, Merina hasta se estaba bañando, cuando sonó el teléfono, yo contesté, era una señora de nombre Graciela que es como la encargada de la escogencia del personal en el Gimnasio Iragua, preguntó por Merina y yo se la pasé, Merina hasta pasó envuelta en toalla, cuando brincó de felicidad y gritando, le habían informado de su elección para trabajar en este colegio, ese día había empezado con una excelente noticia. Ahora solo faltaba cómo hacíamos con el trabajo más importante de ella, el del colegio público en Planeta Rica. Al principio se colocó una licencia, hablamos con el rector, quien se oponía rotundamente a esta situación, así que nos ponía en aprieto, yo acudí a la Secretaría de Educación del Distrito, que afortunadamente quedaba en el mismo edificio de mi nuevo trabajo y empecé a relacionarme con ellos, pero que va, no habían las vacantes y había que cumplir muchos requisitos, entre los cuales la aceptación del gobernador de Córdoba y la aceptación de la Secretaría de Educación del Distrito y que por supuesto, hubiese la vacante para hacer una Resolución de traslado de Docente. Bueno, la cosa estaba muy complicada para entonces y empezamos a orar, y no me creerán, pero Dios es maravilloso y perfecto, en el nuevo colegio de Merina abrieron una especialización en Desarrollo Familiar para las docentes de la institución, esto nos cayó como anillo al dedo, porque inmediatamente Merina se matriculó y argumentó ante la Secretaría de Educación de Córdoba que necesitaba un permiso especial de estudio, así fue que ese año ganamos la pelea y quedamos tranquilos, puesto que este permiso se lo concedieron y no afectaba su interrupción con el magisterio. Ese año 1999, no podía ser mejor, pasaron tantas cosas maravillosas; Merina quedó embarazada finalizando el mes de febrero, fue una gran noticia, pues yo me moría por ser papá, siempre soñé en dar mucho amor a mis hijos y enseñarles y caminar junto a ellos, para que no tuvieran que pasar las afujías que yo tuve; bueno, ahora son ellos los que tendrán que evaluar si cumplí esa misión. Durante el embrazo, nos pasó de todo, cosas buenas como asistir a esa primera ecografía, aún la recuerdo viendo moverse ese ser tan pequeñito dentro de la barriga de mi esposa, no lo podía creer, era mi bebé, ese día lloramos de la felicidad, pero bueno, también pasamos nuestras angustias, más o menos en el séptimo mes fuimos al control con el Gineco-Obstetra, quien empezó a revisar los resultados de todos los exámenes que habían hecho durante los meses anteriores, cuando le vimos la cara de preocupado con uno, mencionó que el resultado de toxoplasmosis, aparecía siempre elevado, que eso lo alertaba, pues la niña, porque ya sabíamos el sexo, podría salir con síndrome de Down y/

o malformaciones, que por eso era prioritaria una ecografía en 3D, lo cual nos puso muy mal y sobre todo a Merina, quien no pudo contener el llanto, desde el mismo instante en que hablaba el doctor y no paró de llorar todo el día, creo que el médico exageró el tema y la forma en que lo mencionó, algunos no son para nada diplomáticos y suaves en sus comentarios; bueno, lo único que tocaba hacer para disipar nuestra ignorancia y miedo al mismo tiempo era correr con la bendita ecografía, así que la hicimos en un laboratorio particular, por fortuna nuestra hija venía perfecta, todo bien, como dijera el Pibe Valderrama.

Hablando de otra cosa, ese mismo año para junio como ya estaba ganando más dinero y las primas del distrito eran jugosas, hice varias cosas, lo primero fue pagar los créditos que tenía en la entidad financiera Colmena, pagué anticipadamente la casa de Montería, la casa de Merina que tenía en Montería y el apartamento de Bogotá, en donde vivíamos; era mejor estar tranquilos con esas cosas y mejor aún no repagarle al banco lo que uno compra con tanto esfuerzo, así me empezaba a quedar dinero libre, el sueldo de Merina, mi sueldo de la Universidad de la Salle y ahora el sueldo del Distrito, empezaban a verse los resultados, por eso decidí que era hora de pensar en comprar un carro, e hice el curso de conducción, qué cosa tan difícil, pero bueno, había que hacerlo y enfrentarse a ese monstruo de ciudad Bogotá con el tráfico, la verdad estaba paniquiado, pero con la ayuda de muchas personas, entre ellas mi primo Arturo lo lograría. Así que compramos un Montero

Mitsubishi estándar, modelo 1997, estaba relativamente nuevo, recuerdo cuando me lo entregaron y tenía que conducirlo, creo que la primera semana duró parqueado en el sótano del edificio, yo solo iba a limpiarlo y lo calentaba, hasta que un día mi hermana Gloria me dijo: vamos, sácalo, lo compraste para tenerlo ahí, tienes que arriesgarte; bueno, así lo hice. Gloria, Merina y yo dimos una vueltica por ahí sin retirarnos demasiado, de regreso al edificio, yo lo iba a parquear de frente, pero otra vez mi hermanita tenía que abrir la boca y decirme: tú ya estás bien en la conducción, tú puedes parquear de reversa; será dije y bueno vamos a intentarlo, no podrán imaginarse lo que pasó, rocé mi carro el primer día de tenerlo, con la columna del edificio, yo solo escuchaba el chillido que hacía, ese día llamé a mi primo Arturo para que él mismo lo parqueara, porque yo no era capaz de cogerlo nuevamente, estaba tan angustiado que lo que atiné a decir fue, lo vendo. Por la tarde de ese mismo día, mi primo y su esposa Miriam, que se habían quedado a almorzar con nosotros, dijeron: bueno, pero estas son cosas que pasan y hay que coger de nuevo el carro, vámonos para un supermercado, así lo hicimos, claro, esta vez iba Arturo de copiloto y yo me sentía más tranquilo, salimos, todo perfecto, llegamos al supermercado y teníamos que entrar al sótano a la zona de parqueaderos, era una rampa enorme la que había que bajar, yo la miraba porque no tanto era la bajada sino cuando tuviéramos que salir, bueno pero cada cosa en su momento, también pensé, así que entramos, caminamos el supermercado y salimos, cuando estaba subiendo la rampa y ya casi llegando a la salida, escuché una voz que dijo: para, era otra vez la de mi hermana Gloria, pues le hice caso y quedé en una inclinación casi vertical, qué va, cuando quise otra vez arrancar el carro se me corrió hacia atrás y rocé el carro que me seguía, ahí Dios, severo trancón el que estaba armando en ese almacén y sin saber qué le había hecho al carro que golpee, nos bajamos y Arturo se puso al volante para descongestionar el paso y bueno lo sacó, entonces fue cuando miramos qué había pasado con el otro carro, afortunadamente no había pasado nada, sin embrago, todo el mundo quiere pescar en río revuelto y siempre nos sacó un dinerito. Eso era la tapa, creo que estaba muy decepcionado de haber comprado carro, pero los días pasaron y me fui tranquilizando y todo se va olvidando, así que otra vez me decidí a sacarlo por raticos. A la Universidad me iba en taxi desde mi oficina y siempre estaba atento a como hacían ellos en las subidas de lomas para que el carro no se les corriera hacía atrás, quienes me decían que había que tener un equilibrio entre el acelerador y el cloche, bueno, cosa que para mí aún era muy complicada, pero escuchaba. Un sábado que tenía clases lo tomé nuevamente y me decidí ir a la Universidad de la Salle, pero nuevamente subiendo una loma dejé apagar el carro y quedé otra vez en un grado de inclinación y bien asustado, qué hacía porque si lo encendía el carro se me iba hacia atrás y podía chocar al que viniera, así que coloqué las estacionarias y llamé a mi prima Himelda a contarle lo que me estaba sucediendo, que me ayudara, ella inmediatamente me dijo que ella usaba el freno de manos, que encendía el carro con él puesto y que una vez aceleraba lo quitaba y problema resuelto; así lo hice y ese día gracias a Dios eso funcionó, pude llegar a La Salle y regresar a mi casa, pero con una decisión de llamar a quien fue mi instructor en las clases de conducción para que me especializara en lomas y parqueo, desde esos días ya me volví más confiado y podía por fin salir en la ciudad, solo hasta ese momento también lo llevé a un taller a sacarle los pequeños golpes que le había hecho, durante mi tiempo de aprendizaje y adiestramiento. Así son todas las cosas en la vida, hay que equivocarse muchas veces, lo importante es no repetir los errores, sino aprender de ellos, hay que levantarse aun cuando las cosas parezcan oscuras y que no tienen solución, hay que ser valiente para poder triunfar en ella misma.

Ese año prosiguió su camino sin contratiempos y llegó el mes de noviembre, el esperado mes, pues nacería mi hija, que aún no le teníamos un nombre, porque a mí me gustaba mucho María Paula, en honor a la novia de mi amigo Jorge, quien me parecía una mujer dulce e inteligente y yo la admiraba mucho, pero Merina dijo que ella tenía una alumna con ese nombre y era demasiado desordenada, entonces seguimos con María Camila, pero tampoco fue seleccionado, y por ese entonces presentaban por la televisión una novela llamada Daniela, que era una niña huérfana de madre, que vivía con su padre, era dulce, y ayudaba mucho a sus compañeras, creo que ese fue el nombre que escogimos para ella y la diferencia con la novela no iba ser mucha, no sé, hoy pienso que tal vez el nombre influyó en lo que nos iba a pasar más adelante, no sé es algo que siempre he tenido en mi mente y a nadie he dicho, solo hasta ahora cuando en realidad plasmo mis pensamientos en estas líneas de este escrito.

Del nacimiento de mi hija Daniela, llegada la segunda semana del mes, íbamos a la clínica con todo listo para saber si ya nos internamos para el nacimiento, estábamos bien desesperados, porque las cuentas de las semanas ya estaban, según las últimas ecografías practicadas, pero nada, nos decían que aún no que fuéramos en la siguiente semana, lo cual hacíamos pro nuevamente decían que el monitoreo estaba bien, que volviéramos la cuarta semana, así fue que el viernes 19 de noviembre nos fuimos con todo, Merina no presentaba dolores, nada que diera indicios que Daniela nacería en ese momento, pero ya bien angustiados con esto porque esa niña no quería salir de su zona de confort, le dijimos al médico que ya estábamos asustados, así que tomaron la decisión de inducir el parto, fue todo el sábado con dolores, yo estaba acompañando al pie del cañón, no me separé un solo instante, en las horas de la tarde los dolores aumentaron y a Merina la pasaron a la zona de parto, pasaba el tiempo y nada esa peladita estaba dando que hacer, no quería salir, Merina se había desgastado mucho y yo solo escuchaba desde afuera que hiciera un intento más, hasta que finalmente a las 9 y cuarto de la noche escuché el llanto de la bebé, yo estaba feliz, llamé a la casa en donde estaban mi mamá y mi suegra, también esperando a que les diera la noticia, llamé a todas partes para decir que ya era papá. Al rato salió la enfermera con una bebé envuelta en una cobijita verde, esa era Daniela a presentármela, qué alegría, después pasaron a Merina a la habitación y nos quedamos esa noche ahí, el médico o la enfermera si nos había dicho que aprovecháramos y durmiéramos mientras la bebé dormía. Nosotros hicimos caso omiso a la recomendación y toda la noche nos quedamos contemplando a nuestra hija, si respiraba, si se movía, era el regalo más grande que Dios puede dar a una persona, un hijo. Llegado el día siguiente nos dieron de alta y nos dirigimos a nuestro apartamento, esa primera noche en casa, estábamos muy cansados y queríamos dormir un rato, pero a nuestra hija Daniela se le dio por llorar y llorar toda la noche, hasta ese momento comprendimos las palabras del médico en la clínica. Bueno, pero son los gajes del oficio del nuevo rol que asumíamos de ser padres. A principios de diciembre decidimos que lo mejor era que Merina y la niña pasaran esa temporada de convalecencia en Montería en casa de la suegra, hasta que yo a final del año me iba y ya en Montería nos veníamos todos juntos, con Dany un poco más durita. Así lo hicimos, ese 24 de diciembre que pasé solo en la ciudad de Bogotá, fue enloquecedor, no solo la noche de navidad, sino al día siguiente había una soledad fantasmal, no se escuchaba un solo ruido en una ciudad que de por si es muy ruidosa, creo que uno podía salir completamente desnudo a la calle y nadie se daría cuenta de ese episodio, yo trataba de salir, de dar una vuelta pero las calle eran solitarias y los almacenes estaban cerrados, desde ese instante dije que no volvería a pasar una fecha de esas solo.

El día del viaje llegó, mandé a buscar a un señor de Pueblo Nuevo para que condujera mi vehículo hasta Montería, pues era la primera vez que hacía el recorrido con el Montero que había comprado. Estaba dichoso de volver a encontrarme con Merina, Daniela y toda mi familia; pasamos el 31 de diciembre de 1999 en casa de mi madre, como siempre todos muy felices, Daniela de brazo en brazo de las tías, quienes bailaban con ella alzada. La pasamos súper bien, había que agradecer a Dios por ese año por todas las cosas maravillosas que nos pasaron y esperar qué nos traía el año 2000.

En enero teníamos que pensar qué íbamos a hacer con la situación de Merina en el Colegio, porque la maestría que estaba haciendo el Iragua se terminó y ya no teníamos pretextos para que ella se quedara en Bogotá, tenía que regresar a trabajar a su puesto de trabajo en Planeta Rica. Pero a todas las situaciones hay que ponerles la cara, mirar y pedirle al Dios de la vida de que nos dé sabiduría para actuar y tocar las puertas. Así fue, llegamos y ya era principios de febrero, el rector del colegio al cual pertenecía Merina, la empezaba a presionar, qué angustia porque veíamos que nos querían separar, cómo le decía yo a ella que renunciara a un puesto de docente con el Estado, eso era difícil de conseguir nuevamente, así que una mañana decidido a hacer algo, bajé al piso de la Secretaría de Educación a ver qué podía hacer, a hablar nuevamente, y Dios otra vez se manifestaría con nosotros, daba la casualidad que el Subdirector de personal docente era mi amigo Wilson, quien antes había manifestado ayudarme, y me dijo que por supuesto, que precisamente estaban haciendo las cargas docente y hacía falta uno de Biología en un colegio de Usme, que me hablara con la encargada de esa localidad para ver qué trámites había que hacer; uno de los requisitos era pedir la autorización del Gobernador de Córdoba para el Traslado-Nombramiento de Merina, de todas formas fue una alegría inmensa la que le dio cuando la llamé a contarle todo lo sucedido y que ya no tendría que devolverse, que nos quedaríamos juntos como una familia que empezábamos a formar. Ustedes se imaginarán lo difícil que podría resultar conseguir esa firma del Gobernador, pues como dice el libro El Alquimista de Paulo Coelho, *que cuando las cosas van a suceder todo el Universo se alinea para que eso se dé*; en ese momento estaba encargado de Gobernador de Córdoba mi primo segundo Alfredo Padilla, qué suerte la nuestra, así que conseguimos la firma de autorización de él y finalmente a Merina le hicieron un traslado nombramiento a la ciudad de Bogotá, ya era docente del Distrito, otro logro conseguido, hasta no teníamos empleada por ese tiempo y nos tocaba cargar con Dany para todas esas vueltas.

Todo era color de rosa, era como si la vida nos sonriera y que todo lo que añorábamos hacer lo conseguíamos porque era deseado con las entrañas más profundas de nuestro ser, Dios quería que fuéramos una familia realmente feliz. El colegio que le habían asignado era bastante retirado del sitio en donde vivíamos y como ni ella ni yo éramos los más expertos en el sur de la ciudad, decidimos un domingo hacer la ruta en bus que le tocaría recorrer, para familiarizarse con el número del bus que le tocaría tomar y el paradero en donde tenía que quedarse y lo que habría que caminar para llegar al colegio, era muy lejos, tenía que atravesar literalmente la ciudad, había que pasar por la cárcel La Picota, que solo era famosa de nombre para nosotros, jamás imaginamos que pasaríamos por su frente, de todas formas era mejor eso a estar distanciados, porque de allí podía ser mucho más fácil conseguir un traslado para otro sitio más cercano a nuestro lugar de residencia.

Por su parte en mi trabajo en la Udeco, se hacía muy tedioso, pues los fondos de cofinanciación estaban en liquidación, así que yo también quería trasladarme para otra entidad del Distrito y hablé con Peñalosa, para que me ayudara a pasarme a la Secretaría de Hacienda, así fue como envió una nota a la Subsecretaría de Hacienda para que viera si había una vacante en un puesto de libre nombramiento y remoción, me dirigí a la Secretaría de Hacienda a buscar inmediatamente a la oficina de la Subsecretaría para entregar la nota del alcalde, pero en ese momento no había nada, había que esperar. En el mes de marzo me llaman de esa oficina para que me presentara a una entrevista que había un cargo de asesor en la Dirección de Presupuesto; bien, en el mes de abril ya me estaba pasando de Planeación Distrital a Hacienda, cuando uno llega, por supuesto, es como si llegara un extraterrestre, todos me miraban recelosamente, como: quién es éste o por lo menos eso piensa uno y así también los mira uno, pero transcurrido un tiempo estaríamos en una cordialidad. Llegadas las vacaciones de junio, Merina decidió venir a Montería para tener un descansito del trajín de cuidar a la bebé y de los trayectos largos que tenía que hacer para llegar a su sitio de trabajo. Una tarde de esas yo estaba en mi sitio de trabajo, cuando me llama a decirme que sería padre por segunda vez, que se había hecho una prueba de embarazo y salió positiva; creo que salí corriendo por todo el piso a decírselo a todos. Posteriormente finalizando julio de ese mismo año, me llama Diana Parra, la Directora Distrital de Presupuesto, es decir, mi jefe, a su oficina, para decirme que había visto mi trabajo en ese mes y había hablado con la Subsecretaria, y me querían ofrecer el cargo de Subdirector de Desarrollo Social en la misma Dirección; ésto significaba tener personal nuevamente a cargo y una responsabilidad mayor, eran más los temas que manejaría y lo más importante, tener que hacer el presupuesto de todas la entidades del Distrito que pertenecieran al ámbito social, estaba hablando de la Secretaría de Salud, de la de Educación, del Instituto de Recreación y Deportes, de Cultura, de Ambiente, de Bienestar Social y de todos en general que tuvieran que ver con el sector social. Además de las otras responsabilidades que implicaba el cargo, ir al Concejo algunas veces cuando estuviera citado el Secretario de Hacienda y ser presidente de algunas juntas directivas de hospitales, eso implicaba tener que ajustar mucho más mi tiempo, pero me gustaba esto, aprendí muchísimo en ese cargo. Allí pasé los momentos más felices de mi carrera profesional, fuimos una familia excepcional, aún conservo una fuerte amistad con todas esas personas que trabajaron conmigo, no solo fuimos compañeros de trabajo, no tuvimos una relación de jefe y empleado, construimos una relación de fraternidad.

Ya para el mes de noviembre, una tarde ya casi iba de salida para la Universidad, porque continuaba dictando clases en la Universidad de La Salle, me llaman del colegio de Merina, para decirme que Merina estaba mal, que no sentía al bebé, que estaba angustiada, por supuesto yo también me alteré muchísimo, y pedí el favor a esa persona que me la acompañara hasta donde yo estaba, así fue, nos dirigimos inmediatamente por urgencias a la clínica, en donde le hicieron un monitoreo y nos dijeron que todo estaba normal, bueno descansamos, ahí empezaba otra lucha para conseguir nuevamente un traslado de colegio a otro más cercano; para eso el rector de Brisalia, el colegio donde laboraba consentía el traslado, y el médico conceptuó que los trayectos eran demasiados y que generaba un estrés muy fuerte para mi esposa y que podía afectar el desarrollo del bebé. Con esos documento me fui a la Secretaría de Educación, que ahora conocía mucho más, porque todos sus proyectos pasaban por mis manos; nuevamente el Universo se confabulaba y logramos el traslado a un colegio que quedaba muy cerca de mi oficina, allí pasaron los meses restantes del embarazo, hasta que en el mes de marzo del año 2001, el día 7 muy temprano salimos para la Clínica del

Norte, pues Merina amaneció manchando, cuando llegamos a la clínica ya estaba dilatada como en la mitad, este parto si sería bastante rápido, ya nuestras señoras madres estaban allá en Bogotá, para acompañarnos como siempre en estas eventualidades maravillosas de la vida. Yo estaba muy pendiente de la situación, como a las doce del día nació mi segundo hijo, Juan Pablo, como siempre habíamos querido colocarle en honor al papa Juan Pablo II, a quien admiré profundamente por su nobleza, por su mirada misericordiosa y porque me inspiraba una tranquilidad y espiritualidad inmensa; por poco lo veo nacer porque hacía unos segundos había estado al lado de Merina, cuando la enfermera me colocó a Juan en mis brazos sobre unas almohadas, me sentí tan orgulloso, tan feliz, miré a Merina que estaba en la camilla y nos echamos a sonreír con una expresión de amor y ternura que reflejaban nuestros rostros, que la misma enfermera lanzó la siguiente expresión: *así es que paga traer niños al mundo, que sean tan deseados y que los papás sean tan felices.*

Que gran alegría, la que dan los hijos, uno parece que no cupiera en la ropa de la emoción y el orgullo de ser papá, es como si supiéramos que en esa personita que nace hay mucho de nosotros que efectivamente son la prolongación de la existencia y que a través de ellos nos perpetuaremos en la tierra. Como era costumbre para estas fechas del parto, iba mi mamá y mi suegra para ayudar en el cuidado de Merina y del bebé. Al día siguiente que naciera Juan Pablo, me llevé a mi mamá para la clínica a conocer a su nuevo nieto; cuando estábamos subiendo las escaleras la noté muy agitada, cansada, cosa que no me gustó mucho. De regreso, en el apartamento con todos los miembros a bordo, decidí llevar a mi mamá de urgencias para que miraran su respiración agitada, oh sorpresa, la internaron de inmediato, pues tenía el corazón grande y solo funcionando al 40%, bueno, después de algunos seis días le dieron de alta y con un medicamento que debía tomar de por vida, además de algunas recomendaciones en la alimentación, como lo era bajarle completamente al consumo de la sal y a la grasa. Por lo demás todo era felicidad, como es la costumbre, las amigas de Merina del colegio y mis amigos fueron a visitarnos y a llevar regalos al recién nacido. Ahora que escribo y recuerdo esos momentos, pienso que uno debe vivirlos al máximo como si fueran los últimos, porque nunca sabremos qué nos tendrá deparado el destino.

Los días transcurrieron con sus angustias normales, las abuelas se devolvieron a Montería, nosotros nos concentramos en la consecución de una persona idónea para que nos ayudara en la casa y en el cuidado de los niños, además necesitábamos a alguien de confianza con urgencia, pensamos en la sobrina de Merina, que había terminado la secundaria y estaba sin hacer nada, le propusimos que se fuera con nosotros para que nos ayudara, especialmente con los niños y que nosotros le pagaríamos la carrera en una universidad pública y que fuera en la jornada contraria a la que Merina trabajaba, ella aceptó y nos acompañó por tres meses, averiguamos universidades, pero creo que no llenaron sus expectativas, hasta que los papás de ella le dijeron que se devolviera. Quedamos nuevamente en cero, pues los hijos son lo más grande que uno tiene en la vida, pero implican una responsabilidad enorme, necesitábamos convencernos a alguien más, así fue como le dijimos a Maru, la hermana menor de Merina, que había estudiado licenciatura en Educación Prescolar en la Universidad de Córdoba y disque estaba cuidando una plaza en un colegio, eso significa, que estaba yendo sin ninguna retribución monetaria, con la esperanza de quedarse ahí nombrada, en ese son tenía como dos años. Maru tendría alrededor de 24 años, es una chica de baja estatura, trigueña, con un corazón enorme, le propusimos que nos acompañara en el apartamento, que nos ayudara con los niños y que yo me comprometía a buscarle un trabajo de maestra, bien sea en los jardines sociales del Bienestar o en un colegio de la Secretaría de Educación, puesto que desde mi cargo en la Secretaría de Hacienda yo me hablaba con las personas de esas entidades y les recomendaba que cuando tuvieran una vacante en provisionalidad, o necesitaran a alguien para cubrir una licencia de maternidad, tuvieran en cuenta a mi cuñada, a quien yo recomendaba de manera especial. Así fue, creo que hizo de todo, vacaciones, licencias y finalmente, terminó en un colegio del Distrito.

Como a mí ya se me había crecido la familia, el apartamento resultó ser muy pequeño, ya era hora en pensar cambiase para uno más grande, más espacioso, que tuviera una cocina más amplía, que tuviera tres habitaciones y cuarto de servicio. Para esto teníamos que vender en donde estábamos y el carro, y volver a andar en bus, después de todo, yo siempre anduve en bus, así que por eso no me iba a preocupar, además todo es pasajero, después reuniría y compraría otro, todo en la vida pasa, era otro sacrificio que había que hacer para lograr otro objetivo, porque el apartamento era ahora nuestra prioridad, en la vida siempre estamos reclasificando prioridades, solo hay que saber efectivamente reclasificarlas. En este proceso nos colocamos, abrimos venta del apartamento actual y del carro en los clasificados de El Tiempo, así como también nos pusimos en la tarea de buscar el apartamento que necesitábamos, visitamos muchos, en varios sitios, pero siempre faltaban cinco centavos para el peso, el que nos gustaba era muy costoso y se nos salía del presupuesto o el que estaba en el rango del dinero era muy apretado o era muy viejo, qué difícil esta búsqueda. Un día en mi oficina, recibí la llamada de Merina, quien me empezó a contar que en la cocina nuestra se había encontrado un periódico de hacía unos veinte días y que llamó a un clasificado de un apartamento, que habló con el dueño y le empezó a preguntar: tiene tres habitaciones, si, tiene cuarto de servicio, si, tiene una cocina grande, si, tiene balcón, si, tiene depósito, bien ubicado, si, en el barrio Cedritos, al norte de la ciudad y el precio más o menos $90 millones, era nuestro presupuesto, estaba dichosa e intrigada cómo un apartamento tan bueno y relativamente barato no lo habían comprado antes, más aún, cuando el aviso había salido publicado hacía un mes aproximadamente. Estas son las cosas de Dios, *al que le van a dar le guardan*. Así fue que le dije que llamara inmediatamente al señor para colocarnos una cita esa misma tarde, quien por supuesto aceptó gustoso y esa tarde nos reunimos con Don Álvaro Betancur, ese era el nombre del señor, una persona de tez blanca, un poco entrado en años, peliblanco, de mediana estatura y con una barriga pronunciada, nosotros estábamos muy ansiosos, la verdad la primera pregunta que hicimos era por qué no lo había podido vender antes; Don Álvaro nos empezó a contar que él había sido el constructor del edificio en donde estaba el apartamento, que había ganado premio de arquitectura con él, pero que lastimosamente el Banco en ese momento, el Central Hipotecario le había embargado el apartamento con el cual él se había quedado y que ya se lo iban a rematar, lo único que quería era venderlo de tal manera que saldara la deuda y quedara libre con el Banco, por eso lo estaba dando muy barato, además, contó que ya habían muchas personas interesadas pero que cuando les mencionaba el embrago, se desilusionaban del negocio, y que ya había dejado de poner avisos por esa mismas razón, es mas ya estaba decidido a que se lo remataran, lo cual le dejaba una deuda con el Banco, en el evento de que el remate no cubriera el 100% de la misma. Así opera Dios, cuando ya parece que las puertas se cierran, él abre una ventana aún más grande. El apartamento no lo pudimos ver, porque tenía un secuestre, él por ser el constructor habló con la administradora para que nos mostrara el de ella que era exactamente igual al que nos estaba vendiendo, así que lo vimos y quedamos encantados, una sala comedor enorme, una cocina larga grande con mesones a ambos lados, tres habitaciones, el baño principal con tina y una cerámica brillante, muy lindo un hall de habitaciones que podía servir de estudio, un balconcito largo que daba a la calle, en un buen sitio y en un edificio muy lindo, que solo tenía 3 años de haberse construido, qué más podíamos pedir, ese era el apartamento que buscábamos. De todas formas pensamos mucho el negocio, puesto que no todo el mundo se somete a comprar con este tipo de inconvenientes, además ya nosotros habíamos vendido en donde vivíamos y había que entregarlo en un mes. Esa noche después de reflexionar y pensar que Dios estaba poniendo las cosas de esa manera, encontrar el periódico viejo en la cocina, no lo habíamos botado, que ahí estaba esperando que nosotros lo viéramos, así fue como nos decidimos a decirle a Don Álvaro que sí hacíamos el negocio, pero que teníamos que ir al día siguiente al Banco a ver cómo estaba la situación y qué oferta podíamos hacer para que su deuda quedara saldada y dieran la orden de levantar el embargo. Lo que estábamos haciendo era una ayuda mutua, nosotros quedábamos con el apartamento y él quedaba sin deuda, éste era el negocio. Dicho y hecho al día siguiente nos dirigimos al Banco que llevaba el proceso, hablamos con las personas encargadas de la cartera y propusimos un monto a pagar por el total de la deuda, estas personas nos dijeron que si inmediatamente, nos dieron el número de cuenta al cual debíamos consignar, de este negocio a Don Álvaro no le quedó ni un solo peso, lo único que él quería era quedar a paz y salvo con el Banco, cuando hicimos la transacción, ese señor tenía una felicidad infinita, yo también porque había comprado el apartamento en donde viviríamos muy felices. Sin embrago, no todo es sencillo, primero cuando un bien está embargado y levantan ese embargo, hay que esperar y rezar que no hayan otros embargos en cola, esa era una zozobra y aunque preguntábamos al vendedor, éste no sabía contestar con certeza, miércoles qué angustia, en algún momento uno se arrepiente, porque era todo nuestro capital puesto ahí y segundo, el tiempo pasaba y ya se nos había vencido la fecha de entrega del nuestro, por lo que le tuvimos que decirle a la señora que nos había comprado que nos arrendara por un mes nuestro propio apartamento, ella afortunadamente aceptó y ahí nos quedamos hasta que por fin salió todo y pudimos registrar el apartamento a nombre nuestro, ese fue uno de los días más felices, puesto que la angustia había terminado. Llegó el anhelado día de mudarnos a nuestra próxima morada, la noche antes lo mandamos a lavar con una empresa especializada en el tema, para que la alfombra verde, que en ese momento tenía, quedara resplandeciente, Don Álvaro nos los hizo pintar, el secuestre lo había entregado con las paredes bien sucias; ese día a los niños los mandamos con la tía Maru donde Gloria, terminamos exhaustos, pero eso era lo de menos, teníamos un apartamento realmente lindo en donde viviríamos momentos de felicidad inolvidables, pero, quien iba a imaginarse en esos instantes, que también vivíamos los momentos más difíciles de nuestra existencia. Mientras esta felicidad de tener nuestro apartamento de ensueño, ocurría, para mi hermano Víctor se venía una tragedia que marcaría su existencia y la de sus hijos, en el mes de diciembre de este mismo año, que había sido hasta aquí maravilloso, nos desplazamos de vacaciones para la ciudad de Montería, todos estaríamos planeando las festividades de 24 de diciembre, es más, llegaría mi hermano Lucho de Venezuela, con su familia, a celebrar con nosotros, ya habíamos mandado a hacer tamales y todo estaba listo para esperar dicha fecha, lo que no sabíamos que algo terrible se avecinaría. Llegada la noche del 23 para amanecer 24, mi madre entra de manera abrupta a la habitación que nos habían cedido a Merina y a mí, para decirnos la fatídica noticia de que Nazly Hoyos, la esposa de Víctor había fallecido de un derrame cerebral, un golpe bajo para todos nosotros y en especial, por supuesto, para mi hermano, nadie podía en esos momentos imaginarse el gran dolor de aquel hombre, que quedaba solo con sus hijos, nosotros, mi esposa y yo esperamos a que amaneciera para ir a acompañarlo, puesto que ellos vivían en el municipio de Planeta Rica, por supuesto que nos fuimos en llanto profundo al ver aquella escena, aquel lugar lleno de gente y ver a mi cuñada en ese ataúd, la vida es realmente injusta con algunas personas, la enterramos el 24 de diciembre, qué recuerdo más amargo en la que se convertiría esa fecha, que todos añoramos, para sus hijos. Los días subsiguientes fueron de mucha incertidumbre, pensar que alguien a quien hacía solo algunos días habías visto, completamente sana, ya no estuviera, ya pasaba a ser solo un recuerdo, así es la vida, nunca nos imaginamos lo que nos tiene deparado Dios y la vida, es un completo misterio. Quién iba a imaginar que esas vacaciones serían tan marcadas de sufrimiento y dolor, pero la vida tenía que continuar para todos, nosotros tendríamos que regresarnos a Bogotá y seguir nuestro camino, pasé mucho tiempo pensando en lo sucedido, era de no creerlo, pero había sucedido, lo único que podía hacer en aquel entonces con mis sobrinos era ayudarlos en algunas cosas económicas.

Los años subsiguientes fueron de bendición, colocaríamos a nuestros hijos en un jardín cerca de ahí, yo continuaba en mi doble trabajo en la Secretaría de Hacienda y en la Universidad de La Salle. Cuando Daniela tenía tres años, su mamá decidió que la presentaría al programa de Sábados Felices a la sección que tenía el presentador Hernán Orjuela con los niños, para lo cual había que hacer filas extensas para que presentaran chistes y algún baile para que fueran escogidos; este proceso lo realizaron como tres veces hasta que al fin se logró que quedara seleccionada, así fue como nuestra chiquitina saldría en televisión, ganándose una bicicleta, que hasta hace poco conservamos, pues la regalamos a la señora que nos colaboraba en la casa.

Por otra parte, una amiga que trabajaba en Planeación Distrital, de nombre Rubiela, me contó que ella tenía una casa en un condominio muy cerca de Bogotá, en el municipio de Silvania –Cundinamarca– eso quedaba a algo más de media hora de Bogotá y el clima ya no era tan frío, es mas, hacía calor en el día y en la noche se asemejaría al clima de la ciudad de Medellín, invitándonos a que conociéramos su casa, a lo cual aceptamos y fuimos; el conjunto desde que uno entraba era muy bonito, tenía flores por donde uno iba pasando, las casas todas eran blancas y tenían jardines, yacusis y entechadas con tejas, en la zona social había piscina de adultos y de niños, un yacusi de un tamaño aceptable, sauna y baños turcos, ese día recorrimos el condominio, nos dijo que habían unas casas que ahora pertenecían al Banco Av Villas, pues sus dueños se atrasaron con el pago de las obligaciones crediticias y las habían tenido que dar en parte de pago, ese día la pasamos de maravilla, mis hijos, que aún eran unos bebés, se habían bañado y disfrutado el paseo. De regreso a la ciudad de Bogotá, nos colocamos a hablar del condominio y acordamos en que pasaríamos por el Banco para averiguar por el precio de las casas que estaban desocupadas, eso que planeamos lo hicimos, nos presentamos a preguntarle a un asesor, quien nos dijo que la casa tenía un valor de $120.000.000, pero, que dado que su negocio no era el de vender casas, sino el de prestar dinero, a ellos no le interesaba quedarse con esos inmuebles y que por esa razón daban un 30% de descuento para pago en efectivo. Nosotros nos fuimos entusiasmados a hacer cuentas; yo tenía ahorros importantes y un dinero por mis cesantías, las cuales podía sacar para estudio o compra de vivienda, pero no era suficiente, había que reunir aproximadamente $100 millones para la casa, así que decidimos vender la casa de Merina, que quedaba en Montería, yo inmediatamente pensé que la persona más accionada era su hermana Dalida, puesto que ella la tenía en arriendo, así que se la propusimos a un precio muy razonable, por supuesto que sin pensarlo dos veces aceptó. Ya teníamos el dinero en menos de una semana para la compra de nuestra casa de verano, qué dicha, no lo podíamos creer que nos estuviera yendo tan bien, era como si lo que pensáramos y tocáramos se hiciera realidad.

Nos dirigimos al Banco para hacer la negociación y papeles correspondientes para el traspaso de la propiedad, la cual colocamos a nombre de Merina, después de todo, ella se había sacrificado en vender su primera casa adquirida en la ciudad de Montería; empezamos como locos a comprar muebles, camas y enseres de cocina para llevar a nuestra segunda casa, todas las cosas las compramos en colores verde y naranja, eran los colores que la identificarían, todo era de ese color, los vasos, las jarras, los cubiertos, la colocaríamos realmente hermosa y todo sin tener una sola deuda, la vida era demasiado buena con nosotros, no todo el mundo podía decir que tenía un apartamento en el norte de la ciudad y una casa vacacional a las afueras de la misma.

Transcurría el tiempo, y nosotros a parte de estas cosas seguíamos ahorrando, así fue como también tuvimos para pagarle un seguro universitario a los niños; en ese momento llegó a la Secretaría de Hacienda un vendedor de seguros y todos estaban como enloquecidos tomando para sus hijos el seguro universitario, así que yo por no quedarme atrás también tomé para ambos, puesto que a mi mente llegaron los recuerdos de no tener para pagar una carrera que verdaderamente uno quisiera y no lo que se pudiera estudiar, no quería que mis hijos pasaran por la misma situación, además, en esos momentos estaba en la capacidad de hacerlo y más adelante quien sabe si lo podría hacer, así que los pagué sin pensarlo, eso era otro logro en el camino que estaba recorriendo, Merina y yo estábamos conectados, los dos caminábamos por el mismo camino, solo queríamos asegurar el futuro, teníamos afán por ésto, pero la verdad hoy cuando escribo estas palabras, tengo que decir cuan equivocados estábamos, no sabemos nada del futuro, es realmente incierto, solo Dios sabe lo que nos deparará y como dice el dicho: *cada momento trae su afán*, pues no nos afanemos por lo que no sabemos, vivamos más el presente, no nos privemos de cosas, si tenemos para hacerlo, no estoy diciendo gastar todo, pero debemos sacar una parte para disfrutar el presente, sin que nuestro futuro próximo se vea afectado.

Todo en nuestras vidas era felicidad, lo que tocábamos se transformaba en dicha y prosperidad. Merina que hacía rato venía con la idea de hacer un curso de pintura al óleo, al cual yo nunca le prestaba tanta atención, aun sabiendo que era realmente talentosa con las manos, de cualquier cosa sacaba una obra de arte. Y como todo tiene su momento, porque el reloj ni se atrasa ni se adelanta, todo ocurre en el momento que debe ocurrir; llegó el día en que salimos dispuestos a comprar el lienzo, uno no muy grande por si acaso las cosas no salían lo mejor posible, y los utensilios de pintura para empezar a tomar las clases con un profesor muy cerca de la casa y no me creerán la verdad me descrestó, pintó unas granadillas con un fondo verde oscuro, el cual le hacía un contraste increíble con el amarillo de las frutas, ahí le dije que tenía talento, que siguiera comprando más lienzos y ya no tan pequeños sino en formato más grande para que pintara cosas representativas de la tierra costeña.

Así fue, pintó cosas maravillosas, cambió de profesor por una experta en rostros, porque también hizo un cuadro de nuestro hijo Juan Pablo montado en un burro, y por supuesto de nuestra hija Daniela sentada en un corredor de una casa grande envejecida, que siempre me recordó mi casa en Pueblo Nuevo, son tantos los cuadros que hizo que todos los que llegaban al apartamento tenían que ver con las pinturas, pues todas las colgamos, no había pared del apartamento y de la casa de Silvania que no estuviera exhibiendo un cuadro pintado por ella.

Nuestra vida no podía ser mejor, yo aún seguía en la Secretaría de Hacienda como Subdirector de Presupuesto, recuerdo que cuando en el año 2004 Luis Eduardo Garzón fue Alcalde y llegó el nuevo Secretario de Hacienda, que afortunadamente era conocido mío, no mucho, pero era conocido y muy amigo de Héctor Zambrano y de todos los que trabajaban en la Dirección de Presupuesto, puesto que él había sido Director del área y se llevaba bien con todos lo que ahí laboraban. Yo por supuesto, tenía que hacer un esfuerzo superior al de todos ellos para ganarme su confianza; así fue, trabajé mucho y gané terreno, por lo menos no me pidió la renuncia y ahí logré quedarme tranquilo.

En el año 2006, cuando el Secretario de Salud del Distrito era el doctor Julián Eljach, me fue pedida una hoja de vida para el cargo de Director de Aseguramiento de la misma entidad, algo que solo lo sabía mi jefa inmediata y algunos colaboradores de mi área. La noche antes de mi entrevista con el Secretario para ultimar detalles del cargo, estando en la sala de profesores de la Universidad de La Salle, en donde aún dictaba clases, llegó un compañero profesor diciendo: sí saben la última noticia, todos los que nos encontramos ahí preguntamos qué había sucedido, pues habían destituido al Secretario de Salud del Distrito, al doctor Eljach. Yo quedé sentadito, mi cargo de director de aseguramiento en la Secretaría de Salud se esfumaba como el viento, ¡qué tristeza! cuando llegué a mi casa no articulé palabra alguna, tenía que conformarme con seguir siendo Subdirector en la Secretaría de Hacienda.

Al día siguiente, cuando la cosa transcurría normalmente, nombran a Héctor Zambrano, el Subsecretario de Hacienda, como nuevo Secretario de Salud, la gente, en mi entidad, estaba regocijada, la verdad no podían nombrar a nadie mejor que él. Pues bien, sin pedírselo e insinuárselo a Héctor, él mismo dijo que se llevaría a tres personas de Hacienda con él, si, yo era una de ellas, iría en calidad de Director de Planeación; este cargo si era más voz populi, todos se enteraron, pues lo había divulgado el mismo doctor Zambrano, es así como ese mismo día fuimos a recibir la Secretaría de Salud, yo por supuesto me sentía seguro de que me iría para esa entidad.

Los siguientes días la gente desfilaba por mi oficina, los que trabajaban conmigo estaban casi que despidiéndose con tristeza de mí, pues habíamos compartido muchas situaciones juntos, más que una relación de jefe y subordinados, teníamos una relación de amistad y camaradería. Hasta mi casa iban mis compañeros a felicitarme porque pasaría de Subdirector a Director.

Pero uno nunca debe montar el burro sin ensillarlo primero, después de que me visionaba en la Secretaría de Salud, nuevamente me bajarían y a Héctor no lo dejaron llevarse a nadie, todos los cargos fueron impuestos por acuerdos políticos. Así que aterrizar otra vez; esta vez el golpe fue más fuerte, pues todos daban por hecho mi retiro, afortunadamente en la Secretaría de Hacienda no habían buscado mi reemplazo y ahí me quedaría. Recuerdo que una de las personas que trabajan en mi subdirección entró a mi oficina y me dijo: «Gustavo las cosas pasan por algo, para usted vendrán cosas mejores» jamás olvido esas palabras, a veces queremos forzar las cosas, pero la voluntad de Dios es otra, solo tenemos que esperar y ser pacientes.

Ya me había desilusionado y hecho a la idea de quedarme quieto en mi trabajo, no porque estuviera aburrido de él, sino porque quería cambiar y ascender profesionalmente y como dije anteriormente: el reloj ni se atrasa ni se adelanta, todo ocurre en su justo momento y cuando las cosas se van a dar el mundo confabula y sin que uno esté buscándolas, ellas llegan por si solas.

A principios de enero del año 2007, recibí una llamada de unos de mis ex compañeros de Planeación Nacional para decirme que Rosa María, la que fue nuestra jefe en esa entidad, había llegado de Miami – Estados Unidos y que el miércoles o jueves irían a cenar con ella, que si yo me quería unir al grupo como en los viejos tiempos; de inmediato le dije que sí, que me daría muchísimo gusto volver a ver Rosa y a todos ellos. Llegado ese día me fui a Planeación, cuando estaba en la entrada de la entidad, vi que salió Rosa María Navarro, una amiga mía que había trabajado como asesora jurídica en la Secretaría de Hacienda, nos saludamos de manera efusiva, la verdad nos alegramos mucho al volver encontrarnos, me preguntó que si aún continuaba en la Hacienda, le dije que si y hasta ahí terminó nuestra conversación; seguidamente subí a mi antiguo piso de trabajo, saludé a todos y salimos a cenar, como lo habíamos acordado.

Al día siguiente, sentado tranquilamente en mi oficina, sonó el teléfono y contesté, era Rosa María Navarro, para mí fue una sorpresa, ella me comentó que ahora trabajaba en el ICBF y que era la Secretaria General de la entidad y me ha preguntado que si yo me iba a jubilar en ese cargo, que al haberse encontrado conmigo la noche anterior, no fue una casualidad, sino que Dios me había puesto en su camino y que en el ICBF necesitaban una persona experta en Indicadores y seguimiento para el cargo de Director de Evaluación, que por encima de este cargo, así como de las otras direcciones solo estaría la Directora General, que mi sueldo casi se duplicaría y que tendría todas las prerrogativas del caso, para lo cual debía llevar mi hoja de vida y tener una entrevista, por supuesto con la Directora.

Ese día me subió el ánimo, a nadie le conté lo sucedido y empecé a armar mi hoja de vida para llevársela ese mismo día y esperar a que me llamaran para la entrevista. En la noche le conté a Merina, se puso feliz, esta vez si manejamos el asunto lo más secreto posible. La verdad, en enero nos ocurrió de todo: una mañana pasa una de mis amigas de Planeación Distrital por mi oficina y me cuenta su drama con el cáncer de senos que le habían descubierto, pero en una tranquilidad absoluta, me dijo: doctor yo uso es un peluquín y las quimioterapias no me producen efectos secundarios; yo le aplaudí la valentía y me quedé aterrado de que no se inmutara contándome su historia, ese fue mi primer encuentro cercano con esa enfermedad.

La siguiente semana me llama Merina echada en llanto, diciéndome que se había sentido dos bolitas en el seno izquierdo, estaba angustiada, yo no le dije nada, solo salí a contarle a mi asistente de la subdirección y a otras personas que estaban ahí lo acontecido; ellas me dijeron que también tenían esos quistecitos, que debía ir a control cada cierto tiempo y que hasta los desaparecen con vitamina E. Hablé inmediatamente con mi esposa para tranquilizarla y comentarle lo que me habían dicho estas mujeres, y que de todas formas iríamos a un médico homeópata que diagnosticaba a través del Iris y que también sacara una cita médica por la EPS.

Así lo hicimos, fuimos al homeópata que nos había recomendado, quien dijo que no era nada grave y formuló unas bebidas; mi esposa y yo quedamos más tranquilos.

Igualmente ella solicitó la cita médica, se la dieron con la ginecóloga, quien le ordenó practicarse una mamografía y una ecografía, que tampoco evidenciaron nada grave, y efectivamente formuló vitamina E.

Cuando llegó mi cumpleaños, el 29 de enero, que por cierto era el cuadragésimo; de una entidad Distrital enviaron en la mañana cajas de cartón llenas de pan, hecho por los mismos niños que ellos atendían y unas latas enteras de pancerotti. Ese día mi buen amigo y colaborador, Gerardo Gutiérrez, el técnico de sistema de mi subdirección, entró a mi oficina y me dijo: «este año es de mucha bendición y abundancia para usted Gustavo». Era tanta la comida y el pan que no solo la Dirección de Presupuesto almorzó, sino toda la Secretaría de Hacienda en pleno, hasta quedó para llevar a mi casa.

La cosa no terminaba ahí, llegada la noche Merina me dice que no me coloque la pijama, que me quede vestido para salir a un sitio, yo hice exactamente lo que ella me pidió, cuando suena el timbre del apartamento, estaban todos mis amigos y amigas cantando al son de un conjunto de música, me había preparado una fiesta sorpresa, qué alegría, la felicidad no podía ser mayor en ese momento, la pasamos de maravilla, fue un gran día para recordar toda la vida.

El mes de febrero transcurrió normalmente, fui al ICBF, hice la entrevista con la Directora, coordinamos todo y mi hoja de vida saldría publicada en la página de la Presidencia de la República, ya se veía llegar el día de mi partida, ya era hora de contar, bien a finales de febrero conté todo y pasé mi carta de renuncia irrevocable a partir del 7 de marzo de ese año.

Quiero hacer referencia a un dato curioso que me había pasado con una persona, que también trabajaba en una de las entidades del Distrito, y que un día cualquiera de febrero pasaba por mi oficina cargando un paquetito de mensajes bíblicos y me pidió que sacara uno, yo hasta riéndome con ella saqué uno, la verdad el mensaje fue del libro de Isaías y más o menos decía lo siguiente: «yo soy Jehová tu Dios, el que te muestra el camino que debes seguir». Ese mensaje me dejó pensando, al recordar cómo se me habían trastornado mis intentos de trabajar en la Secretaría de Salud y más adelante lo entendería con mayor claridad.

Después de muchas despedidas con mi gente de la Dirección de Presupuesto, en donde había pasado buena parte de mis años trabajando, llegó el día 8 de marzo, precisamente el Día Internacional de la mujer, mi primer día de trabajo en el ICBF como Director de Evaluación, empezaba otra etapa de mi camino profesional, nuevamente tenía que hacer nuevas amistades, conocer la gente que trabajaría conmigo y saber todo acerca del funcionamiento de esa entidad, era un reto enorme, pues el ICBF es de las pocas entidades que hace presencia en todo el territorio nacional, desde La Guajira hasta el Amazonas.

Ese fin de semana saliendo con mi esposa a hacer mercado, yo manejaba y ella era, como siempre, mi copiloto, ha lanzado una expresión: «Dios ha sido tan bueno con nosotros que ahora qué», lo dijo en una forma regocijante, quizás esas palabras nunca debieron haber salido de su boca, tal vez Dios las tomó como si se le estuviera retando.

Los meses siguientes transcurrieron no del todo en calma, si bien el sueldo en el ICBF casi se duplicó, el trabajo se multiplicó por más de tres, los horarios de trabajo no eran nada comparado con los del Distrito, aquél que dice que los funcionarios públicos no trabajan, eso no aplicaba para aquella entidad, que era un monstruo en el sentido figurado, las reuniones eran extenuantes y prolongadas hasta las dos de la madrugada y a la siete de la mañana se tenía que estar en pie, en el puesto de batalla; desde ahí no supe bien lo que era mucho compartir con mi familia, como mis hijos estudiaban en el Refous, que era muy exigente, Merina me dejaba las tareas de matemáticas de Daniela sobre la mesa del comedor para que yo a la hora que llegara las revisara. Recuerdo que ya de solo 7 años, estaba dando cambio de bases y descomposición de un número en potencias, qué trencito el que me estaba tocando, creo que fue mi época en donde perdí mucho peso, yo que de por sí era bastante delgado.

Igualmente en esos meses nos dormimos con el seno de Merina, pues éste crecía y endurecía de manera exagerada, además, ya el pezón empezaba a segregar un líquido amarillo, como si se le estuviera formando una especie de granito y aunque iba a los controles de rutina con la misma ginecóloga, lo único que le ordenaba era vitamina E, que cambiara los brasieres por unos de algodón y que se echara un aceite caliente en el pezón. ¡Qué ignorancia la nuestra! nos conformamos y nos dejamos llevar por lo que decía la doctora.

Para principios del mes de octubre de ese año, una mañana de sábado yo más tranquilo le miré el seno a Merina, cómo pude ser tan ciego en los meses pasados, éste estaba bastante mal, inmediatamente le dije que fuéramos a hacer una ecografía de urgencia, la cual le hicieron y la misma señora que la hizo salió apurada diciéndonos: vayan rápido y hagan una biopsia, no dejen pasar un minuto más. Salimos como alma que lleva el diablo a buscar a uno que nos dijeron, pero ese día todo estaba cerrado. Yo con unas ganas inmensas de llorar, porque me temía lo peor, pero no podía hacerlo delante de ella, quería que me viera fuerte y tranquilo a su lado. Hubo un momento en que no pude más, le dije entremos al éxito que queda en Chapinero, disque porque tenía que ir al baño, qué va, era para llorar de manera copiosa en ese baño, para lavarme después la cara y continuar junto a ella, creo que no sirvió mi pretexto, ella se dio cuenta inmediatamente de mis ojos que estaban secos de las lágrimas que ya habían derramado en ese baño.

Salimos de ese lugar, pensando en tantas cosas, pero también madurando las ideas, pensando un poco más con cabeza fría, llamé inmediatamente a Marta Hernández, quien fuera mi jefe en la Secretaría de Hacienda, para que me diera el número de celular de Héctor Zambrano, Secretario de Salud, para contarle lo que nos estaba pasando y que nos ayudara lo antes posible con la práctica de la biopsia. Como siempre, Héctor muy receptivo nos dijo que esperáramos unos minutos mientras él cuadraba en qué Hospital y quién podía hacer el examen. Así fue, nos devolvió la llamada diez minutos después para informarnos que el examen lo practicaría el doctor Herzon León González, médico Ginecólogo, el lunes en horas de la mañana en el Hospital El Tunal; con eso nos tranquilizamos un poco, por lo menos ya habíamos conseguido de manera muy rápida la práctica de ese examen. Esa tarde llegamos a la casa con una tristeza enorme, la cual teníamos que disimular frente a los niños, pues ellos tenían que seguir siendo felices, sin saber nada de aquella tribulación y preocupación que nos agobiaba la vida en esos momentos.

De inmediato veíamos el canal cristiano Enlace, porque ahí hacían milagros, nos animamos esa misma noche a ir a una iglesia cristiana a pedirle a Dios que aquella biopsia saliera negativa y lo que hubiese en el seno fuera benigno. El domingo quisimos hacer un día normal, siempre haciéndonos los fuertes, pero con una procesión interna enorme. Llegó el lunes, debía ser 8 de octubre, salimos a nuestra cita con el doctor León, quien resultó ser de nuestra tierra cordobesa también, y teníamos unos amigos en común, enseguida surgió una amistad con él, hasta el fin de semana siguiente nos acompañó con su familia a la casa que teníamos en Silvania. El doctor León nos explicó en qué consistiría el examen y que los resultados los entregaría el día miércoles. Mientras hacía el examen, yo me quedé en una silla, creo que recé más de 1.000 Padre nuestro y Ave María, pidiéndole a Dios con lo más profundo de mi ser que Merina no tuviera nada malo. Terminado el procedimiento nos despedimos, intercambiamos números de celulares para estar en comunicación y salimos para nuestros respectivos sitios de trabajo.

Que ansiedad la que venía en el resto del día y del día martes, oramos muchísimo, pedíamos al Dios Todopoderoso que todo estuviera bien. Llegó el miércoles 10 de octubre, cuanto hubiese dado para desaparecer ese día del calendario, pero nosotros no somos nadie, no tenemos poderes especiales para retroceder o saltarse un día de un mes, bueno, la verdad el tiempo no se detiene y yo estaba ansioso por saber el resultado, sabía que Herson me llamaría en cualquier momento; llegaron las 10 de la mañana, yo estaba en mi oficina, afortunadamente conmigo estaba una gran amiga que trabajaba también en el ICBF cuando sonó mi celular, era Herson, por supuesto le dije que me sacara de esa angustia, que me dijera, pues eso hizo decirme que la biopsia había salido positiva, que Merina tenía cáncer de seno grado dos, pero que para el tamaño pareciera que hubiese convivido con él como tres años. Yo no seguí hablando con él, solté el llanto en plena oficina y me dirigí de manera inmediata a recibir el resultado en el Hospital, todos allá me esperaban desde el Gerente del mismo, el doctor León y la psicóloga; qué golpe tan bajo, cómo le daría la noticia a Merina, quien estaba en el colegio laborando. Tomé mis exámenes sin dejar de llorar un solo instante, esperé a Merina en el paradero de buses, en donde se bajaba todos los días, a una cuadra de nuestro apartamento, qué instantes tan difíciles, Dios nos ponía una prueba extremadamente dura, todo el tiempo renegué por qué a nosotros, qué habíamos hecho tan grave en la vida, no había derecho, personas que se esforzaron tanto por construir, por ayudar a sus familias, no podíamos entender nada de lo que nos ocurría. Tiempo más tarde, cuando calculé que Merina estaría por bajarse del bus, me fui a esperarla, recuerdo que cuando se bajó y yo estaba ahí parado, ella me miró y me dijo: salió positivo verdad, nos abrazamos y lloramos juntos, nos fuimos a un parque cercano a desahogarnos, a llorar sin parar, sin importar la gente que pasaba, no podíamos dejar de pensar solo en esa terrible enfermedad; del ICBF me llamaban todos mis compañeros de trabajo para darme ánimo y decirme adelante, pues eso es lo que hace la gente al enterarse de una noticia como esa, pero el dolor y la impotencia solo la vive quien tiene que enfrentarse al cáncer. Después de dos horas ya eran como las tres de la tarde decidimos tomar camino hacia el apartamento, sin decir una sola palabra y mirar cómo iba a enfrentar esta situación, la verdad la cabeza da muchas vueltas, no sabe uno por donde caminar y hacia dónde ir. Lo primero que hicimos fue llamar a mi prima Nieves Hoyos, quien era cristiana y siempre que habíamos hablado con ella nos decía que en la iglesia donde se congregaba imponían manos para sanación, ella ese mismo día habló con su pastor para reunir a las 7 de la noche un grupo pequeño de oración para imponer manos a Merina. Llegada la hora nosotros estábamos puntuales, fuimos, oramos, ordenábamos en el nombre de Dios que había sanación. Todos lloramos de la fuerza que tenían nuestras palabras, recuerdo tanto a la esposa del pastor cómo lloraba diciendo que declaraba la sanidad en el nombre de Jesús con las manos puestas en la cabeza de mi esposa. Salimos de ahí más tranquilos, con unas esperanzas enormes y una fe que, tal vez no fue la más fuerte, pero la sentíamos de algún modo.

Al día siguiente hicimos un itinerario, lo primero informar en el colegio de ella la situación por la cual estábamos pasando y pedir los permisos de rigor, sacamos cita inmediatamente con un doctor de apellido Márquez, especialista en este tipo de cáncer, él ya había operado de cáncer de mama a una prima hermana mía. La cita nos la dieron por la tarde. A los niños decidimos no informarles de nada y disimular frente a ellos, pues ellos no debían preocuparse por nada, solo debía seguir su vida de niños. Al llegar la tarde fuimos donde el doctor Márquez, quien nos habló de todo el proceso de las quimioterapias y sus consecuencia, una de ellas era la caída total del cabello, eso derrumbó a Merina, quien no se pudo contener e irrumpió en llanto, a mí me tocaba ya mostrarme fuerte, aunque por dentro estaba desecho, pero tenía que darle tranquilidad. Salimos de ahí, no hicimos nada más solo leer los Salmos de la Biblia y confiar en Dios. Igualmente sacamos cita por la EPS de los maestros para que nos remitieran al Oncólogo de la misma, la cita la obtuvimos bastante rápido y como a los dos días fuimos a reunirnos con él, quien nos dijo lo mismo que el especialista que ya habíamos visitado, y nos formuló la serie de exámenes de rigor que hay que hacerse antes de iniciar con las quimioterapias. El primer examen sería una gammagrafía ósea, para detectar que no haya metástasis en otro órgano o parte del cuerpo, ya nos habían advertido que este examen era complejo y que las citas se tardaban en programarlas y que el resultado también era muy tardío. Nosotros llenos de angustia y como que algo en el interior nos decía, esto no es una gripa, hay que moverse de manera rápida, fue entonces que otra vez tenía que echar mano de mi buen amigo el secretario de salud del Distrito, Hecticor, lo llamé y me dijo, como siempre dispuesto ayudar, que nos esperaba a primera hora en su despacho, desde ahí hacíamos todas las citas correspondientes, la primera era el examen de la gammagrafía, recuerdo que conseguimos que para el día siguiente le hicieran el examen y que el resultado que normalmente se demoraba 10 días, lo dieran en tres y así fue con cada uno, el examen hepático, el ecocardiograma y cada uno de los que nos tocaba hacer. Tan rápido nos movimos que en el término de una semana teníamos completo cada uno de ellos.

Recuerdo que Piedad Muñoz, mi amiga y compañera de trabajo de la Dirección de Presupuesto en la Secretaría de Hacienda, nos comentó que en la iglesia de Chía, había una monjita, de nombre María Teresa, que tenía el don de sanación y que hacían misas de sanación dos veces a la semana, solo traigo a mi mente que el día del examen de la gammagrafía, ese día había misa a las 6 de la tarde, era como sábado sino estoy mal. Nosotros fuimos al sitio indicado del examen y esperamos nuestro turno, como no había que comer nada ese día, solo tomar líquido, creo no estoy seguro, estábamos ansiosos, porque de ahí saldríamos para Chía. Atendieron a Merina tarde, ya casi sobre las dos y salimos a las cuatro pitados hacia la iglesia en Chía, íbamos como alma que lleva el diablo, yo quería hablar primero con la hermana María Teresa, pero qué va cuando estábamos llegando la fila de carros era tremenda y la gente, llegamos sobre la hora y la iglesia estaba repleta, bueno, como pudimos entramos con mi amiga, quien amablemente nos esperaba en la entrada, nos hicimos en la parte de atrás de pie, era mucha la gente, pero ahí estábamos con la esperanza de que la hermana que estaba al frente, junto con el padre, nos mirara y se apiadara de nosotros para que nos impusiera sus manos.

Desde la parte de atrás solo mirábamos a la monjita, una mujer de mediana estatura, muy menuda, solo queríamos hacer conexión visual con ella, solo la veíamos a ella; ya hacia el final de la misa cuando harían la oración de sanación, ella, la hermanita, se levantó de su puesto, alzó la mirada y nos señaló a nosotros y nos dijo que fuéramos a su lado, nosotros no lo podíamos creer, salimos conmocionados llorando a su lado, cómo Dios nos daba esa bendición, cuando todos ahí querían que ella los señalara, eso era algo insólito, nos llenó de dicha y corrimos, yo le dije a Merina: agárrale la mano, no se la sueltes, así fue como ella le fue imponiendo manos, diciendo que el Señor, que Dios Todopoderoso, restaura cada órgano que estuviera funcionando mal y empezó a decir órgano por órgano, que Dios lo tomara y lo restaurara y sanara, nosotros hincados de rodillas no parábamos de llorar y repetir cada una de las frases que ella decía. Ya al terminar la misa, nos dijo que nos quedáramos un rato para conversar, nos dijo que ella era devota de la virgen Rosa Mística y que le hacían un Rosario en una iglesia en la ciudad de Bogotá. Nos invitó a realizar estos Rosarios, por supuesto nosotros le contamos nuestro caso e intercambiamos número de teléfono para estar en contacto. Salimos de ahí con la frente en alto, Piedad nos tomó una fotografía en el momento en que ella nos señaló para el momento de la oración, recuerdo que Merina y yo salimos reconfortados, hablando de milagros. Además empezamos a atar cabos, de que nada ocurre en la vida por casualidad, pues en el día del maestro, uno de los alumnos de Merina, le había regalado una Virgen Rosa Mística, que jamás habíamos escuchado de ella, pero mira tú la casualidad de la vida, a partir de ese momento le íbamos a hacer el Rosario. Llegamos al apartamento, allá estaba la mamá de Merina, yo la había mandado a traer para que ella estuviera más acompañada, mientras yo trabajaba; ese día le contamos lo sucedido, brincábamos de la emoción, tanto es así que ya dudábamos en hacer las quimioterapias y solo confiar en la voluntad de Dios y creer en la sanación. Pienso que esto hubiese sido lo mejor, pero yo estaba enloquecido, no solo me conformé con la hermana María Teresa, sino que mi conductor asignado del ICBF, en ese momento, me comentó que en Chía había un brujo que trabajaba con culebras y sangre de chulo, me la curaba. Yo le comenté a Merina, nosotros hacíamos lo que nos decían, en ese momento lo importante era curarse, así que una mañana le dije al conductor que nos llevara donde el señor, efectivamente había una fila de personas con cáncer esperando el turno, ese día oramos mucho y le pedíamos a Dios que si eso no era de él que nos sacra de ese sitio, teníamos miedo, pero el turno nos llegó, el señor nos explicó lo que hacía todos los sábados, mataba una culebra y un chulo, tomaba su sangre, la revolvía con vino y el veneno de la serpiente y la daba a tomar a los pacientes y que cada toma tenía costo, que eso era lo que él hacía, que de nosotros estaba tomarlo o dejarlo, y adivinen, lo tomamos, nuestra primera cita era el sábado siguiente. Es así como le apostábamos a varios frentes: asistíamos a la Iglesia Avivamiento, hacíamos el Rosario con la hermana María Teresa y los sábados íbamos donde el señor Carlos de Chía.

La primera cita del sábado en Chía, nos fue bien, el señor hacía un ritual antes de sacrificar a los animales y tomar el veneno de la serpiente, que tenía que ser cascabel, era como si se desdoblara, todos los presentes quedábamos impresionados, nosotros teníamos miedo y solo rezábamos nuestro Padre nuestro y el Ave María. Compramos la toma y una presa del golero, para hacerle una sopita a Merina, todo por la salud y salvar la vida. A esta cita acudíamos todos los sábados, como todos los enfermos de cáncer, que ya identificábamos, cada uno de los que asistíamos allá, solo guardábamos la esperanza de que eso nos sanaría.

Ahí teníamos otra encrucijada, le estábamos huyendo a las quimioterapias, nos confrontamos mil veces en la fe, que teníamos a la hermana María Teresa, si con eso solo basta, porqué solo no abandonarnos en las manos de Dios y creer que Él nos sanaría de una vez por todas. Un día llamó el doctor Herson, quien había hecho la biopsia, para averiguar cómo nos había ido en todo nuestro proceso, la verdad le conté lo que nos había sucedido en la misa de sanación de Chía y que realmente estábamos confrontando nuestra fe, que si solo creemos y ya no nos someteríamos a esas quimioterapias, que dicen que son realmente una tortura; Herson solo escuchaba, hasta que yo lo dejé hablar y me dijo que creer estaba perfecto, que Dios era nuestro sanador, pero que él no podía dejar que Merina se nos fuera, que era preciso iniciar el proceso cuanto antes de las quimioterapias, es más, se auto invitó a mi casa esa noche para hablar personalmente con nosotros al respecto. Es así esa noche lo escuchamos atentamente, nos dijo que había que ir de la mano de Dios, pero agarrados de la ciencia también, que era necesario iniciar las quimioterapias, lo antes posible. La verdad no sé, si uno fuera adivino o tuviéramos una bolita mágica que nos muestre el futuro, no hubiésemos aceptado el consejo de Herson, pero lo seguimos, de todas formas nadie se toma tal trabajo de ir a la casa de uno solo para intervenir en la decisión de un paciente, absolutamente convencido de que lo que estaba proponiendo era lo mejor.

Al día siguiente, lo primero que hicimos fue hablar con mi buen amigo, el secretario de salud del Distrito, Héctor, quien habló directamente con la jefe, gerente, Directora no se de la EPS de los maestros, para que nos dieran cita para ese mismo día con el Oncólogo, para que nos diera la orden de la primera quimioterapia. Efectivamente todo salió de acuerdo a lo planeado, el Oncólogo dio la orden y programamos la primera quimioterapia. Mientras tanto nosotros continuábamos haciendo el Rosario con la hermana María Teresa y asistiendo los sábados a Chía.

Llegó el día que no queríamos que llegara, pero llegó y era ineludible asistir, era como si uno quisiera salir corriendo, es como cuando se lleva a los niños a sus vacunas, que salen disparados para que no los puyen, pero era inevitable, partimos, tengo que admitir que yo había imaginado eso diferente, no sabía nada de cómo eran las quimioterapias, pensaba que era meter a la persona en una cámara cerrada, la verdad era un completo ignorante en el tema, cuando llegamos vimos a otras personas en unas sillas reclinadas, en donde les colocaban como un suero y en ese suero iba el veneno de la quimioterapia, todos parecían tranquilos, ahí conocíamos otras personas con esta horrible enfermedad, algunas en el seno, otras que lo tenían en diferentes partes, el cerebro, el pulmón, había un chico también con cáncer en el testículo. Bueno, solo tocaba sentarse, leer algo, una revista y esperar a que ese suero entrara todo en el cuerpo, yo como siempre, agarraba la mano de Merina, diciéndole que no estaba sola, que yo estaba ahí, que los dos estábamos en esto y que no la abandonaría ni un segundo. La cosa transcurrió normal, yo hasta pensé que las quimios no eran tan dañinas como las pintaban; ese día dejé a Merina en el apartamento y me dirigí al trabajo, que por cierto con esto ya estaba pidiendo muchos permisos, pero el uno está primero que el dos y mi número uno era mi esposa. Esa noche llegué temprano, a las 7 de la noche, cuando llegué no encontré a Merina en la casa, había salido, muy brava mi esposa, la llamé y me dijo que estaba en una reunión en Chapinero de una fundación de mujeres con cáncer de mama, en donde le hacían terapias y charlas de cómo enfrentar esa enfermedad, lo cual me pareció bien, porque por lo menos esa quimio no le había causado ningún efecto, de los que la gente habla con frecuencia. Yo inmediatamente salí a recogerla, eran como las nueve de la noche pasadas, hablamos, me contó lo de la reunión y nada más. Mis hijos no sabían nada del tema, para qué preocuparlos con nuestros problemas y angustias, para ellos todo debía ser normal.

La próxima quimioterapia la programaron dentro de 21 días, porque entiendo que es el tiempo que tardan las células en reproducirse, todo transcurría normal en casa, durante ese tiempo preparábamos solo jugos que ayudaran a subir defensas, como eran de agras, de chopo, un platanito chiquito, con guayaba, de uva isabelina con panela y de mora con trocitos de hígado, porque las quimios lo que hacen es bajar el nivel de glóbulos rojos en la sangre, por eso ante de cada una, ordenan un hemograma para saber en qué nivel están los mismos. En el transcurso de tiempo entre esta quimio y la otra me pasó algo muy curioso, una tarde estaba yo en mi oficina en el ICBF, cuando de repente sentí un dolor en mi mano derecha, como si hubiese hecho una fuerza muy grande, no paré bolas al tema, cosas que nadie podría explicar, para que detenerse en ella, pero o sorpresa cuando al instante me llama Merina, a decirme que tenía a

Dany, nuestra hija, sentada en el mesón de la cocina, mientras ella estaba haciendo algo, cuando se desplomó el gavetero que estaba encima de la cabeza de Dany y que extrañamente se había quedado enganchado en algo, que si sigue cayendo, Dios no quiera, habría ocurrido una tragedia, ahí fue cuando le conté lo que me había ocurrido en la oficina, no sé, la verdad tendríamos una conexión, Dios era realmente bueno, aún sigo pensando en esas cosas que nadie puede explicar, ahí si como dice normalmente la gente, solo Dios sabe.

Cuando llegó el día de la segunda quimioterapia, ya a Merina los efectos se hacían notar, el cabello quedaba en cada peinillazo que se daba, quedaba en la almohada y aunque ella hacía maravillas para que no se notara, estaba sucediendo lo que decían. Nos dirigimos a la sala de quimios, ya sabíamos lo que teníamos que hacer, ya no era algo nuevo para nosotros, tendríamos que hacer de eso una rutina por un tiempo, ahí la enfermera que practicaba el procedimiento, nos informó que lo mejor era ir donde un señor que quedaba en el barrio La Soledad, que tenía una tienda de pelucas para que compráramos una, si queríamos, o simplemente usara una pañoleta, porque la caída del cabello iba a empeorar en estos días y era mejor ir allá, que el mismo señor se encargaba de rapar a la persona. Yo simplemente miraba a mi esposa, como diciéndole, esto es lo normal que toca hacer en estas circunstancias, así que fuimos directo donde el señor, «al mal paso darle prisa», era lo que pensaba en esos momentos, era algo que tocaba hacer y eso haríamos. Llegamos, el señor muy amable nos mostró el sitio, había una silla de peluquería, cualquiera diría que se encargaba de hacer cortes extraordinarios, que más hubiésemos querido nosotros, pero era solo para calviar a los pacientes, que ese era su fuerte. Nos empezó a decirle a Merina que empezara a probarse las catalinas, así llamaba a las pelucas, para ver cual se adecuaba y se parecía al cabello que ella tenía, eso hicimos, yo por mi parte le decía con los ojos y las manos cual le quedaba bien, la verdad se veía hermosa con la peluca, hasta que escogimos nuestra catalina, el señor enseñaba a peinarla, él mismo vendía los utensilios necesarios para el cuidado de la misma, pero llegaba el momento de la rapada, ya no tocaba de otra que sentarse en la silla, creo que ese momento fue muy duro, mi esposa no pudo más e irrumpió en llanto, qué impotencia en ese momento, cuanto quisiera uno ayudar, pasar la página de lo que está ocurriendo, pero no, es imposible, está sucediendo en la vida real, no es una novela, y nosotros teníamos que seguir, el señor, sin piedad alguna empezó a hacer su trabajo con la máquina de rapar; bueno, al final yo siempre la abrazaba, sin botar una sola lágrima, solo acompañando, con ganas de salir a explotar, pero no podía, había que aparentar ser fuerte y continuar. Llegamos a la casa, estuve hasta la hora del almuerzo acompañándola, pues esperaba que los efectos fueran leves como la primera y me dirigí al trabajo.

Que va, en las horas de la tarde me llama mi suegra, que Merina está muy mal con vómito y que no dejaba que cocinaran porque los olores la rebotaban aún más. Recuerdo que estaba a punto de entrar a una reunión de trabajo, a la cual no pude asistir, tenía que salir volado para la casa, a ver la situación, no sabía qué hacer, el panorama que encontré fue a Merina con la ventana del apartamento que da hacia la calle, de par en par, sin comer solo quería vomitar, maldiciendo de aquella situación, qué horror, a mí solo me tocaba calmar los ánimos y hablar con ella, llenarla de mucho amor y decirle que eso iba a pasar, yo tampoco sabía cómo tratar esa situación, lo único que quería era que mis hijos, al llegar de su colegio no vieran esa situación y que ella usara la peluca para que tampoco la vieran calva. Aunque de nada sirvió disimular esta situación con nuestra hija Daniela, porque de algún modo vio a su mamá sin cabello, y en su diario, que alguna vez tomamos atrevidamente, la había dibujado, escribiendo «me preocupa mi mamá sin pelo», qué estaría pensando, jamás hubiese querido dolor alguno para ellos, pero la vida es dura y se ensaña con algunos sin saber por qué y tal vez nunca lo sabremos, solo hay que vivir la vida que nos tocó, como dije antes, de la mejor manera posible. Tal vez de ese día no tendríamos vida feliz, empezábamos a saber de lo que realmente era convivir con esta enfermedad. Así fueron los dos días siguientes, los efectos eran terrible, cuánto hubiese querido evitar tanto sufrimiento, pero era algo imposible, no sabíamos, solo estábamos aprendiendo a medio sobrellevar la situación.

La tercera quimio fue a finales de noviembre o primeros días de diciembre, no recuerdo bien, para ésta parecíamos que íbamos a estar mejor preparados, pues yo le saqué una cita por la tarde con el doctor homeópata, famosísimo en Bogotá, Santiago Rojas, así que cuando salimos de la sesión de la quimio, nos dirigimos a la Clínica del doctor Rojas, le contamos que lo que queríamos era atenuar los efectos de la quimio, él se dirigió con ella donde otro doctor que le haría unas terapias con unos objetos que usaban para la rehabilitación o la meditación, yo como siempre oraba muchísimo en silencio para que las cosas funcionaran, pero que va, como que mis oraciones no llegaban a ninguna parte, los efectos fueron terriblemente peores a la anterior, no sirvió la sesión con Santiago Rojas, ahora vivía abrazada a la taza del baño para vomitar, en un estado muy desmejorado, me pidió que la llevara donde el señor Carlos en Chía, para que le rezara para ver si los efectos de la quimio disminuían, así que yo hacía todo lo que ella pidiera, la llevé, el señor Carlos le dio como una bebida, no sé qué le daría, pero según ella le había servido; de regreso recuerdo haberle comprado una manzana postobón bien fría, lo cual le caería de maravilla, tengo tan presente en mi mente ese instante, porque es como un momento de gloria en esos momentos, era como descansar un poco del agotamiento en que veníamos.

La cuarta quimioterapia, por ser ya para los últimos días de diciembre la aplazaron para los primeros días de enero. Ese diciembre fue el primero en nuestra estadía en Bogotá que no vendríamos a la costa, por razones obvias, el 31 lo pasamos en nuestra casa de Silvania, yo invité a unos amigos de Pueblo Nuevo, para que nos acompañaran, y no pasar esa fecha tan solitarios. Yo por supuesto no tenía vacaciones, es mas, el puente del 6 de enero que quería pasarlo con mi familia en Silvania, me llamaría porque se había programado una reunión el sábado a las tres de la tarde, eso me parecía inconcebible, pero entendía también la situación por la que atravesaba la institución con lo del niño Emannuel, el hijo de la doctora Clara Rojas; bueno, esas eran las cosas del trabajo, Merina me acompañó, se quedó en el parqueadero todo el tiempo hasta que la reunión acabara, lo cual ocurrió a las 7 de la noche, para devolvernos, pues allá teníamos a nuestros hijos.

Llegó la fecha de la cuarta quimioterapia como el doce de enero, para esa fecha habían viajado a Bogotá, Dálida, la hermana de Merina, y el esposo a acompañarnos. Igualmente Nidia, una amiga de Merina, que conoció en el Iragua, la había llamado para decirle que en Paz de Ariporo -Casanare, el pueblo de donde ella era, el tío de su esposo tenía poder de sanación, así que sin pensarlo nuevamente, armamos viaje el sábado siguiente, salimos a las tres de la mañana, porque él nos estaría esperando a las dos de la tarde, recogimos a Nidia, íbamos como 10 en la camioneta que teníamos y yo manejaría, nos iríamos por el departamento de Boyacá, por Sogamoso, así que iniciamos nuestro viaje, fue un viaje muy agradable, pasamos una laguna realmente hermosa, a la distancia se veía azul con toque gris, nos bajamos un momento a contemplar aquel paisaje, después en nuestro recorrido pasamos La garganta del gallo, que es un lugar bastante estrecho, pasamos el pueblo Pajarito y el páramo con sus frailejones, donde le da el nacimiento al Río Cusiana, el cual es un riachuelo en su nacimiento, como también veíamos a lo lejos las calderas, en donde quedaban las extracciones o las refinerías del crudo, ya que Casanare es un departamento productor de hidrocarburo, fue un buen viaje, aprendimos por donde pasábamos. Hasta que al fin llegamos a Paz de Ariporo, un pueblo llanero, con mucha calidez humana, conocimos los familiares de Nidia, quien muy amablemente nos presentó uno por uno, pero nuestro objetivo era el tío del esposo, no veíamos la hora de llegar y que atendiera a Merina. Lo conocimos, hizo entra a Merina, y con ella demoró alrededor de dos o tres horas, nosotros como siempre esperando afuera, una vez acabada la sesión, ella me comentó que le dio a tomar una bebida y que la tenía que tomar diariamente hasta que se acabara el frasco que él le había dado, además de otras extrañas recomendaciones. Esa noche dormimos en casa de un hermano de Nidia, que estaba esperando bebé, tenían ya su cuarto listo para cuando llegara el nuevo integrante de la familia, ese cuarto no los dieron para dormir esa noche. Al día siguiente emprenderíamos nuevamente nuestro camino de regreso a Bogotá, esta vez lo haríamos por Villavicencio – departamento del Meta, igualmente fue un viaje alegre de esparcimiento absoluto, pasaríamos casi todo el camino comprando una piñas dulces que vendían en la vía y patilla, pasamos el río que pasa por ahí, en donde había una gran cantidad de gente bañándose, pareciera que era un sitio turístico o de recreación para los que viven en esa ciudad, cruzamos el túnel que une a Villavicencio con Bogotá, todos estábamos conociendo, hasta que llegamos a nuestra residencia.

Es preciso que mencione a Anselmo, mi conductor, un gran ser humano, un señor de unos 53 años, de contextura muy delgada, fue mi compañero de andanzas en este camino de la enfermedad de mi esposa, él sabía de la hermana María Teresa, hasta se hicieron buenos amigos, ella también le oraba para sus problemas de azúcar, él sabía cada paso que yo daba, cada cosa que me decían para buscar sanar a mi esposa. El también averiguaba por su lado, era una locura, el fin era el mismo, eso era lo único que importaba. Anselmo me comentó que había una señora que operaba a través de San Gregorio Hernández, así que también fuimos, cuando llegamos al sitio la señora atendía con una vela encendida y a través de la llamita, le decía a la gente lo que tenía y lo que debían hacer, Merina le comentó el tema, por el cual estaba ahí, no era que la señora adivinara, primero se le decía lo que tenía y después ella empezaba a leer la llama de la vela, a Merina le dijo que bueno, la iba a operar, le extraería la masa y le colocaría una malla para que el tumor no se extendiera, que lo que tenía que hacer era dormir en cuarto con sábanas blancas y dejar en la mesa de noche una copa con un poco de alcohol y un algodón, que al día siguiente la copa amanecería como lechosa y sabríamos que San Gregorio había hecho la operación. Así lo hicimos, compramos unas sábanas blancas, buscamos una copa y la llenamos de alcohol, Merina durmió esa noche en la alcoba de Daniela, al día siguiente me levanté muy emocionado a ver la copa, pero nada, la copa estaba intacta, no había ocurrido nada, por lo que llamamos para informar de lo sucedido, a la «doctora», quien nos informó que la operación no se había podido efectuar, que él, San Gregorio, si había ido, pero que no pudo porque la paciente no estaba bien dormida; bueno, nosotros extrañados, esperamos esa otra noche, pero nada, la copa permanecía intacta, llamamos nuevamente y nos dieron la misma respuesta, había que esperar, que él otra vez iría, pero nos sugirieron dejar poco alcohol en la copa, así lo hicimos y la tercera era la vencida, efectivamente al día siguiente la copa amaneció con la sustancia lechosa, gloria a Dios pensamos, estábamos contentos por lo sucedido, llamamos a la «doctora» para comentarle lo sucedido y nos dijo que sí, que San Gregorio le había informado y que teníamos que ir allá para cerrar la operación, para lo cual había que comprar un aceite y unas flores, nosotros todo lo hacíamos, creo en ese momento que si nos hubiese pedido la cosa más absurda, lo hubiésemos hecho. Ahora me doy cuenta que el alcohol, cuando uno lo deja en una copa no muy alta y un poco al día siguiente efectivamente se pone lechoso, ninguna operación se había efectuado, que ingenuos nosotros y que ingenua es la gente, pero todos vamos de tras de lo mismo, buscando la cura milagrosa, buscando ganarle la pelea a la muerte. El tiempo transcurría y nosotros, sobre todo yo, quería ser más listo que cualquiera, ya no me conformaba con la copa de vino y el poco de sangre del chulo que le vendía en Chía, conseguí un contacto en Bosa, pues me informaron de un señor que vendía un chulo entero, uno solamente debía llevar el vino para combinar la bebida, además él de un solo chulo hacía la sopa, solo para la persona que comprara el animal, así que nosotros nos decidimos y fuimos; iríamos hasta el fin del mundo para buscar la sanación, mi esposa tomaba toda la sangre de un animal y esperábamos la sopa preparada especialmente para ella, el señor nos aseguraba que ahí recurrían personas que tenían el cáncer avanzado y se sanaban. Este procedimiento lo tomamos por rutina y acudíamos cada ocho días por la misma dosis.

Por supuesto que alternábamos esto con las dos quimioterapias restante, pues el tratamiento sería de seis. A pesar de todo lo que hacíamos, cuando íbamos al oncólogo, éste le parecía que el tumor no había disminuido y que tampoco estaba suelto, pues estas cosas serían el resultado de las quimios, pero la verdad éste no se veía, hasta que tomó la decisión de operar y nos remitió con el cirujano para programar la cirugía, ésta efectivamente se programó para el 11 de marzo de 2008. Mientras tanto nos dimos cuenta que habíamos corrido mucho y mi sobrino Víctor, que había estado en Bogotá unos días tal vez para el mes de febrero, nos empezó a hablar de un pastor en San Pedro, que era muy bueno, y nos contactó con él, quien desde la distancia y vía telefónica nos empezó a decir profecías y muy buenas de sanidad, de victoria, que de todo Dios nos sacaría victoriosos, lo cual nos animó sobremanera, por eso de inmediato lo mandamos a buscar para que se alojara en nuestro apartamento, para que viniera a renovarnos. El pastor José, un hombre corpulento de piel trigueña, quien siempre andaba con su hijo David, un niño de unos tres años de edad, extremadamente delgado, que cualquiera podría decir que caía en la desnutrición, llegaría para los primeros días del mes de marzo, nos dijo en que iglesia cristiana nos congregábamos, le dijimos que algunas veces asistimos a Avivamiento, nos empezó a orar con palabras raras, como en lenguas, y uno cree que estas palabras es que le salen al momento de la oración, pero nada, estas palabras son aprendidas, nos hizo que rompiéramos todas las figuras de vírgenes que tuviéramos en el apartamento, así como nos hizo echar un sahumerio por todos los espacios para sacar las malas energías y los espíritus del mal, que pudieran estar rondando. Así fue, todo lo recogimos y lo echamos a la basura. El domingo nos alistamos con él para asistir a la iglesia cristiana de Avivamiento, la verdad quedaría sorprendido, era una cosa extraordinariamente gigante, con más de cinco mil sillas, distribuidas en una bodega enorme, habían hasta cámaras de grabación, en donde el pastor Ricardo Rodríguez, hacía como si fuera un teatro, alguna escena dramatizada de la biblia. Además en cada silla lo primero que uno encontraba era el sobre para la ofrenda, unos sobres bien definidos con la fotografía de los pastores, uno para sentarse tenía que obligatoriamente retirar el sobre. Asistimos y cierto es que llega un momento, cuando la gente está con los ojos cerrados y concentrados y una música tenue en el ambiente, tú sientes que hay algo presente, sientes esa fuerza y el pastor diciendo la sanidad y la bendición sobre cada uno de los asistentes, es como si supieran que los que ahí asisten, van por un problema de enfermedad o de alguna dolencia física o de problema económico. Al final de este momento, miraba fijamente a algunos y los hacía subir y les decía tú estás sano, dime qué tenías, el señor o la señora decía que le dolía mucho la espalda y que en ese momento no tenía nada, otros que no podían ni siquiera pararse, se levantaban y el pastor le decía a una médica, que tenía en la tarima para que verificara, no sé si todo eso era orquestado, la verdad no podemos decir nada, pero a mi esposa no le rebajaba ese tumor, nos cuestionábamos por qué a otros si y a nosotros nada, aunque lo estuviéramos pidiendo con el alma entera, tal vez ustedes dirán que estábamos falta de fe, bueno lo cierto es que quiénes somos nosotros para cambiar la voluntad de Dios. El pastor José, quedó impactado al ver aquella iglesia llena, quedó deslumbrado con toda la tecnología que allí se contaba, pues eran cámaras por todos lados, registrando cada movimiento del predicador, nosotros ya habíamos pasado por tal maravilla miento, el primer día que asistimos.

Los días siguientes transcurrieron normal, aún nos resistíamos a la operación, por eso la noche antes del 11 de marzo, día en que estaba programada la cirugía, le decíamos a nuestro pastor invitado, que nos aconsejara para ver si no acudíamos a la cita de la operación, la cual estaba agendada para las 3 de la tarde. Oramos y leímos algunos apartes de la biblia, hasta altas horas de la noche y finalmente el pastor atinó a decir que nos fuéramos a dormir, para ver que Dios se nos revelara en el sueño, lo cual fue exactamente lo que hicimos. Al día siguiente, nos levantamos y la verdad yo si tuve un sueño, soñé viendo venir a unos burros cargados, entrando en alguna parte, en este momento no recuerdo muy bien mi sueño, pero se lo comenté al pastor, quien inmediatamente lo relacionó con el pasaje de la biblia de la entrada triunfal de Jesús en burro a Jerusalén, lo cual podría asimilarse a una victoria, pero también hay que mencionar que esa entrada a Jerusalén era parte obligatoria de Jesús para que se cumpliera la palabra de Dios, pues viviría también sus peores días en la tierra, hasta llegar al quinto día de su entrada a la crucifixión. Nosotros no interpretamos nada, tal vez debimos quedarnos quietos, a veces uno quiere señales, las tiene pero no sabe en qué sentido usarlas. Llegado el medio día nos preparamos para dirigirnos a la clínica, Merina estaba, con toda la razón, muy inquieta, yo lo único que atinaba a hacer era darle ánimos, sin saber para dónde agarrar, sin saber qué hacer, ese día hicimos un ayuno los dos, ofrecido a Dios, para que todo saliera bien. Llegamos antes de la hora señalada, ahí nos encontramos con todas las personas que estaban esperando turno para cirugía, y por supuesto, con familiares de los que ya estaban en plena sala de operación, nosotros solo escuchábamos todas las historias que se comentaban en aquel recinto, todas eran de operación, de enfermedad, hubo una que me llamó mucho la atención de una señora que mencionaba que su mamá en algún momento tuvo mucho dolor, la llevaron al médico, quien dijo que lo que tenía era relacionado con la vesícula y que había que someterla inmediatamente a cirugía, la cual le fue practicada, pero que en el momento de hacérsela, se dieron cuenta que lo que tenía era un tumor cancerígeno, por lo que no pudieron hacer nada, solo cerrarle nuevamente la herida. El médico los llamó a ellos y le comentó dicha situación, por lo que había que someterla a otro tipo de tratamiento. No obstante, ellos le suplicaron al médico que no le dijera nada, que le pedían el favor más bien de que le dijera que la operación había salido perfecta, de lo contrario mataría mucho más rápido a la señora, petición que fue aceptada por el galeno y que la señora interiorizó que la cirugía había sido un éxito y que ella estaba bien, al poco tiempo le practicaron nuevos exámenes y para la gloria de Dios la señora no tenía nada. Cuanto alegran estas historias y uno piensa en ese momento, por qué esta historia no me ocurre a mí, pero si pone mucho a pensar en el poder que tiene nuestra mente para regenerarse, solo hay que creer que es así y enviar solo pensamiento de positivismo. Otra de las cosas que pone de manifiesto esta historia, era que a veces es mejor no saber lo que se tiene, es verdad, una persona puede sentirse bien, estar bien, pero le dicen que tiene una enfermedad grave y va es acabándose, es como si el organismo inmediatamente supiera lo que tiene.

Nosotros aún seguíamos ahí, abrazados, esperando la hora y cuando ésta llegó, no pasó nada, decíamos bueno la cosa no es tan puntual, hay que seguir esperando, pero llegaron las 4 y las 5 de la tarde y nada que llamaban a Merina, serían esas serias señales para salir corriendo de aquel lugar y decir ya no vamos a hacer nada, por supuesto que preguntamos qué pasaba con el médico y lo que nos decían era que estaba un poco retrasado. Ahora pensando debimos salir, desistir de ese procedimiento e irnos a disfrutar esa tarde con nuestro hijitos, en vez de estar pegados ahí angustiados y sin probar nada de comida, pero nadie es adivino, ahí nos quedamos más o menos hasta las seis, hora en la cual llegó el cirujano y llamó a Merina, desde ese momento en el cual me la quitaron de mis brazos para llevársela a la sala, no dejé de orar, de pedirle a Dios que me la librara de esa enfermedad, que ese médico retirara cualquier vestigios de tumor maligno de su cuerpo. Es a partir de ese instante en que los segundos se hacen eternos, caminaba de un lado para otro, preguntaba a cada instante a las enfermeras que veía salir, era un verdadero suplicio, hubiese dado lo que no tenía para que Merina no tuviera que sufrir y padecer cada paso de su proceso, pero Dios nos había escogido a nosotros, no lo sé por qué y como he dicho ya tal vez mil veces en este escrito, jamás lo vamos a saber. Finalmente hacia las 7 y media de la noche salió el doctor encargado del procedimiento, que por mucho que me esfuerzo en recordar su nombre no lo consigo, quien se me acercó, diciéndome en voz tenue, ahí no había seno, solo masa, que él trató de hacer lo mejor posible, a lo que le pregunté: pero sacó todo, él nuevamente me respondió, raspé lo que más pude, por la respuesta y su rostro no me sentí del todo satisfecho, pero la esperanza la tenía y no podía desvanecerme, al contrario, debía mostrarme fuerte y más aún cuando la viera, pues estaría mutilada, sin uno de sus senos. Después de hora y media pude entrar y verla, estaba en una camilla, todavía bajo los efectos de la anestesia, muy soñolienta, le tomé las manos y con mucho esfuerzo sonreí para decirle que todo estaba bien, que el doctor había dicho que la operación había salido bien, estuve hasta que ya no permitían las visitas y me fui a casa, sabía que al llegar iba a encontrar un vacío, pero todo fuera por el proceso mismo de la sanación. Al día siguiente, cuando en las horas de la mañana me fui a visitarla, ahí ya, ella más consciente, apenas me vio arrancó a llorar, nuevamente le dije que se tranquilizara, que el seno lo volvíamos a reconstruir y que todo iba a salir bien, que Dios era maravilloso y que de esa nos iba a sacar, creo que ese mismo día la llevé a la casa, afortunadamente allí estaba Mayi, su hermana, quien nos ayudó por esos días, pues había que estar pendiente del líquido que drenara, para medir la cantidad del mismo y llevar las anotaciones. Mis hijos seguían yendo al colegio a ellos había que hacerles la vida agradable, casi que no notaran la situación, a pesar de lo evidente que esta fuera. El pastor José se había devuelto para San Pedro.

Los días siguientes pasaron y se acercaba semana santa, aún tenía el aparato del drenaje; para esa época nos mandaron de Montería chicha de maíz, chocolate molido de cacao y maíz cariaco al igual que el queso costeño y otras cosas representativas de la semana mayor. Como siempre había que esperar el miércoles, día de mi salida del trabajo para irnos para Silvania, sin embargo, ese mismo miércoles no decidimos irnos, ni siquiera el jueves, es más nos habían invitado para el cumpleaños de la Concejal Soledad Tamayo en el Condominio de Silvania, solo que pensamos que era incómodo andar con el aparato del drenaje y Merina de todas formas no quería que nadie se enterara de lo sucedido, tan bobos nosotros y más yo por seguirle el juego, porque eso era de no aceptación de la situación, debimos abrirnos a la gente y no esconder la enfermedad, eso nos hubiese dado más tranquilidad, de todas formas nosotros no la buscamos, nadie la busca, ella es selectiva y desafortunadamente nos escogió. Bueno, así fue que el Jueves Santo nos fuimos para la laguna de Guatavita, siempre habíamos escuchado de ella y estando tan cerca y viviendo muchos años allá no la habíamos conocido, qué descuido, pero ese día la conocimos en todo su esplendor, nos tocó subir por un camino bastante empinado y pedregoso, Merina hizo un esfuerzo y allá en lo más alto nos montamos para observarla, quedaba muy abajo, el agua era como verdosa, sino estoy mal y empezaban los guías a contar la historia del tesoro Dorado de la Laguna. De regreso a casa entramos a unos almacenes, los Outlet, que quedaban en el centro comercial BIMA, además, ahí había un parque de diversiones infantiles, lo cual era perfecto para los niños y en ese momento estaban presentando obras teatrales callejeras en la ciudad y coincidimos con una de ellas. Merina compró el regalo para la Concejal y unas blusas muy ajustadas al cuerpo, quién imaginaría que esa sería la última compra que haríamos. Ese día estuvo bien marcado por las risas y nos olvidamos por lo menos por un buen rato de la situación por la que estábamos atravesando. Al día siguiente el viernes nos fuimos para la casa campestre, allá le entregamos en forma privada el regalo a la cumplimentada y pasaríamos el resto de la Semana Santa en forma tranquila, entre comillas, porque el domingo, que decidimos regresar a casa temprano en la mañana para almorzar e ir a la iglesia Avivamiento, entramos a un centro comercial a almorzar y Merina no sostuvo el almuerzo en el estómago y se vino en vómito en plena plazoleta de comidas, no sé, ya ahí yo venía con un sentimiento raro, presentimientos que a veces me vienen, como pude la tranquilicé y llegamos a la iglesia.

Como a las dos semanas de la operación, tocaba el control con el cirujano, ese día fuimos a la cita, al entrar solo al edificio, Merina se desmayó, yo la tomé en mis brazos y la sentamos en un sofá, empezamos a echarle un poco de aire y esperar que se le pasara, subimos al piso donde el doctor tenía su consultorio, allí vimos a algunas de las señoras que coincidían con nosotros en las quimioterapias, por supuesto las habían operado también. Cuando entramos al consultorio, el médico la miró, le comentamos lo sucedido entrando al edificio, a lo cual nos dijo que eso era normal, pues había quedado muy débil, creo que ya tenía los resultados de la masa que sacaron y enviaron al laboratorio del Hospital Cancerológico, por lo que recomendó el tratamiento de las radioterapias, para después continuar con otras quimios, cuánto sufrimiento más había que pasar, pero ahí estábamos, dispuestos a soportar lo que sea, era nuestra cruz y había que resistirla, no importaba cuan pesada era.

Cosa que empezamos casi en seguida, allá conoceríamos otras personas con el mismo mal, cuánta gente padece esto, realmente uno no sabe nada y es tan apático a estas situaciones, hasta que nos toca y nos sensibilizamos con el tema, es convivir con la enfermedad, con el enemigo, dentro de la misma casa. Pocos días después, ya estábamos en abril, Merina me dice una mañana que tenía un dolor por el lado del hígado, por lo que fuimos inmediatamente a la Clínica del Norte, la cual nos quedaba a unas pocas cuadras de la casa, nos atendieron por urgencia, le hicieron una ecografía y le mandaron una resonancia magnética, creo que así se llama el examen, ya ahí nos empezó una preocupación mayor. Además, uno de esos días entramos al baño y lo que había en la ventana era una de esas mariposas negras gigantes, que meses atrás me perseguían en la oficina, no me gustaban y no me gustan, no las puedo ver porque mi mamá y mucha gente dice que estas mariposas están asociadas con la palabra muerte. Así que ese día tuvimos una lucha con ese animal, desafortunadamente no la pudimos eliminar y se escapó.

Hicimos el examen y detectaron una masa, la verdad la cosa estaba como de apague y vámonos, yo pensé que la iban a dejar internada, pero nos mandaron a seguir el tratamiento de la radioterapia, y el dolor aumentaba día tras día; Merina ya no quería comer, por mucho esfuerzo que nosotros hacíamos, mi trabajo seguía intenso y a veces no podía acompañarla a las radioterapias, afortunadamente Dios siempre me envió ángeles de conductor, ya para ese entonces no estaba Ancelmo, mi compañero de correrías conmigo, sino que estaba Alirio, otro señor en quien podía confiar y me la recogía, la llevaba a la radioterapia, la esperaba y la regresaba al edificio, hasta en ocasiones le prestaba una cobija porque decía que sentía mucho frío, ya Merina se me estaba acabando, pues para ese entonces tenía el ojo parado, la mirada fija, como la tenía mi padre tiempo antes de morir. Recuerdo especialmente el día viernes 2 de mayo de ese año 2008, día en que cumple mi hermana Amparo, que casualidad y reflejo de la vida misma, mientras unos celebran otros lloran, otros tienen aprietos y sufrimientos y otros corren base, tratando de subsanar alguna situación. Ese día como era costumbre yo me levanté junto con mis hijos, quienes se iban para el colegio, ayudando a Maru a vestirlos y darles la comida, cuando Merina ya no soportaba el dolor, daba alaridos en la cama, yo estaba en la sala, lo que hice fue tomar en mis brazos a Juan Pablo y Daniela y sentado en el sofá, les dije en el oído en voz muy suave que no escucharan, nos vamos a quedar solos. Ese día ya yo estaba listo también para partir al trabajo, pero no fui capaz, nunca la había escuchado quejarse tanto, así que llamé a la oficina a decir que ese día no iba a ir, por lo menos no en la mañana, ese día se lo dedicaría a mi esposa. Me quedé toda la mañana con ella en la cama, escuchando el canal Enlace, para ver, oramos mucho, tratando de calmar su dolor; ese día no probó bocado alguno, ni siquiera una fruta, esperamos hasta las tres de la tarde, hora de la radioterapia, casualmente ese día terminábamos las sesiones de las mismas, recuerdo que salimos de ahí y ella me dijo que la llevara a Avivamiento a las 6 que empezaba un culto, que necesitaba que el pastor orara por ella, recuerdo que de camino hacia ese lugar, alzó las piernas en la parte delantera de la camioneta, tratando de pasar el dolor y todos los síntomas que la agobiaban. Llegamos y lo primero que hicimos fue buscar al pastor, pero éste no hizo ningún esfuerzo por orar, sino que al ver el estado en que se encontraba Merina, que se retorcía del dolor mismo, se dirigió a mí, diciendo que Dios la iba a sanar pero que la llevara a la clínica, qué desilusión la mía, la verdad yo iba esperanzado en una historia que él había contado de un hombre que ya estaba en el lecho de muerte, que lo buscaron para que orara por él y que efectivamente el enfermo se había levantado y sanado, no sé si son historias fantasiosas que se inventan los pastores para ganar adeptos y seguidores, bueno allá ellos con la conciencia misma ante Dios.

Yo le hice caso y la llevé a la Urgencia de la clínica Nicolás de Federmán, ahí pasamos casi que enseguida y viendo el estado en que estaba, la dejaron internada, no sé porque para mí ese día es el verdadero día de la muerte de mi esposa, era como un presentimiento, como si supiera que ella jamás volvería a pisar el apartamento, ni iba a volver a ver sus hijos. Esa noche tuve que regresar solo a mi casa, porque no me permitieron quedarme, pues había quedado en sala de observación; ese día lo único que hice después fue llamar a mi amiga Ingrid Rusinque a decirle lo sucedido, no llamé a nadie más ni siquiera a mi familia, me sentía tan solo frente a lo que pasaba, cuánto hubiese querido que en esos momentos tan amargos de mi vida, estuviera a mi lado mi madre, pero nada, ella tenía su propia enfermedad, Alzheimer. Al día siguiente muy temprano me arreglé para ir a visitarla, guardaba la esperanza que ella estaría con lucidez y que hablaríamos un rato, que nos reiríamos como es épocas pasadas, por eso alisté a Daniela para que me acompañara a ver a su mamá, pues ella estaba haciendo muchas preguntas sobre su ausencia. Acto seguido nos dirigimos a la clínica, cuando llegamos yo pasé enseguida, entré con la niña, lo cual lo desaprobaron los médicos inmediatamente, puesto que el ingreso de menores no estaba permitido. Además, lo que vimos no fue nada alentador, estaba sedada, dormida, yo solo pude atinar unas pablaras que ahí estaba Dany, que la quería ver, lo único que escuché fue el comentario de los demás pacientes, que igual que ella, estaban en observación, quienes me decían que ella se quejaba demasiado durante la noche, que daba gritos, lo cual me partió el alma. Después el médico de turno me informó lo que le habían hecho durante la noche, otras resonancias y que posiblemente la pasaban a cuidados intensivos.

Yo me devolví a llevar a Daniela a la casa, y con las mismas arranqué nuevamente para la clínica, salí un rato a caminar por los alrededores del lugar, pues era una zona que conocía muy bien, ya que la clínica quedaba muy cerca de mi antigua oficina de la Secretaría de Hacienda. Me detuve en un corredor, me senté y empecé a llorar, creo que llamé a mi amiga Piedad Muñoz para desahogarme un rato. El día transcurrió sin novedad aparente alguna. Llegó el domingo 4 de mayo, como era de esperarse me arreglé rápidamente para ir nuevamente a la clínica, cuando llegué y entré, oh sorpresa, la cama donde estaba Merina estaba vacía, en ese momento no sé a dónde fui a tener, de todas formas corrí hacía la enfermera de turno a preguntar qué había pasado con mi esposa, quien me informó que la habían traslado a una habitación en el piso cuarto. Inmediatamente voy al piso donde estaba, tendida en la cama, con una delgadez que se veía, con unas medias azules, como tobilleras que eran de mucho hilo, para calentarla un poco y conectada a unos aparatos que desembocaban como en una especie de botellas de gaseosas, en donde drenaba el líquido tumoral. Yo salí inmediatamente a hablar con el doctor, a decirle que por qué no me la pasaban a cuidados intensivos, entonces él me dijo: mira, en este momento esté aquí o allá el resultado va a ser el mismo. En ese momento entendí que me la estaba desahuciando, que así él no terminara de decir la palabra muerte, uno la podía intuir, yo no sé, me volví un poco turbado, empecé a decirle que cómo me decía eso, que nosotros teníamos dos hijos pequeños que la necesitaban aún, que cómo, pero ellos parecen inmunes al dolor de los demás, pero qué más pueden hacer ellos, deben estar acostumbrados a ver la misma escena miles de veces. Yo no sé, no paré de llorar, llamé a mi casa, informé a Maru y Mayi que habían venido a pasarse unos días con nosotros; le dije a Maru que llevara a los niños a pasarse el día donde Miriam la mujer de mi primo Arturo, a quienes ya para ese momento les había avisado de lo que estaba ocurriendo y empecé a hacer llamadas a mi hermana Amparo, quien estaba festejando su cumpleaños en su Parcela con unos invitados, llamé a mis amigas a Piedad, a Marta Hernández, quienes de manera inmediata se trasladaron a la clínica a acompañarme, tomé nuevamente el teléfono para llamar a casa de Merina en Montería, hablé con Dálida, su hermana y le dije que me la habían desahuciado, así mismo llamé a una sola de sus compañeras de trabajo, no recuerdo su nombre, creo que se llama Juliet, quien no tardó también en hacerse presente, ellos entraban a la habitación a hablarle, me pidieron que yo hiciera lo mismo, a lo cual accedí y le hablé que por todos esos momentos de felicidad, que por nuestros hijos se pusiera bien, sacara fuerzas y se levantara de esa cama, que recordara lo que decíamos cuando íbamos a recoger a los niños al Colegio en Cota, que pasábamos por un restaurante elegante, y que ahí el día de la graduación de Daniela de quinto de primaria, iríamos a comer, qué absurdo, como si no hubiésemos tenido dinero para darnos ese lujo y muchos otros. Tal vez en eso me dejaba ganar de mi hermana María Victoria, quien no ahorra, pero vive cada día como si fuera el último, gastándose todo, solo vive el momento, sin importarle el futuro, pero nosotros no éramos así, ahorrábamos demasiado, le teníamos miedo al futuro.

Si no hubiese sido por todos esos amigos que gentilmente me fueron emplumando ese día, no sé cómo hubiese soportado tanta carga emocional, tenía que hacerme a la idea de que Merina se nos iba de nuestras vidas para siempre, que me tocaría hacerme cargo de mis pequeños hijos, cómo lo iba a enfrentar, no lo sabía, no sabía nada. Ese día pereciera que solo tocaba esperar la hora final, hasta que a las cinco de la tarde ésta llegó, yo me desboroné en el acto, gritaba como un loco desesperado, se me había ido la persona con la que había trabajado de la mano, con la que había construido una familia maravillosa, pero quien entiende los designios de Dios, lo bueno lo separa y hay otros matrimonios que dan asco, pero ahí están. No había mencionado que ese día llovía lentamente en la ciudad, un día después mi hija Daniela me preguntó que si el día en que murió su mamá había llovido, yo le dije que sí, y le pregunté por qué. Entonces me dijo que había leído o escuchado que cuando llueve el día en la que una persona muere, es porque esa persona va al cielo. Retornado al instante fatal de aquella tarde, por la mente de uno pasan muchos sucesos, los que pasaron y los que vendrán, ahora una de mis amigas me informaba que teníamos que llamar al seguro exequial y hacer los trámites para el traslado del cuerpo a la funeraria y escoger el ataúd. Yo haría otras llamadas a unas amigas para informarles lo que estaba pasando; llamé a Rubiela y a Ana Lucy, quienes estaban en sus casas de campo en Silvania, ellas aparecieron casi que al instante, se volaron para venir a acompañarme, o volaron o para mí el tiempo se quedó estático en aquellos momentos. Igualmente, llamó mi hermana Gloria, desde España, con ella tenía una conexión especial, yo le pedía encarecidamente que viniera a acompañarme, pues con ella me sentía seguro, era como si al tenerla cerca, supiera que todo iba a estar bien, mis hijos la querían mucho y ella sabría ayudarme en aquellos instantes dolorosos de mi existencia. En la Clínica estuvimos como hasta las 8 de la noche, además, yo había decidido que el entierro fuera en la ciudad de Montería en donde era su familia y también yo tenía la mía, para lo cual había que hacer otra tramitología. Ya no había nada que hacer en aquel lugar, era la hora de partir a ver a mis hijos y contarles lo que estaba pasando, me acompañaron todos los que habían estado conmigo en la clínica, dije que me dejaran un momento a solas con ellos en mi cuarto, en la cama en donde dormíamos con su mamá, una cama que ahora estaría vacía para siempre, no sabía qué decirles, se me ocurrió hablarles que la mamita se había ido para el cielo con papito Dios, que desde allí nos estaría cuidando y especialmente a ellos, que eran los seres que más había amado en la tierra, que de ahora en adelante seríamos nosotros, solo nosotros los que continuaríamos el viaje. Esa noche parecería que habían entendido el mensaje; ya pasada de las 10 de la noche, las personas que me estaban acompañando se marcharon como era de esperarse y me quedaría en aquel lugar haciéndome el fuerte frente a los niños para que se durmieran y pensando qué y cómo iba a hacer de ahora en adelante, era como si no quisiera pensar en aquella situación, miré el closet, vi la ropa, le dije a Maru y a Mayi que buscaran una maleta para empacar todo, no resistía verla, cómo borrar esos momentos y pensar que eso no estaba sucediendo, pero lo estaba y era mi realidad. No hay dolor más grande que se produzca en el alma que la compañera, la que ha luchado hombro a hombro, la amiga, la que compartía los espacios más íntimos con uno se hubiese ido. Esa noche como era de esperarse no pude dormir, quería que amaneciera rápido, una vez amaneció, como a las 7 de la mañana, llamé por el citófono a la portería y le dije a Ángel, el portero, lo sucedido y que por favor se lo dijera a las personas que más conocíamos en el edificio, como era Olga Lilí, la señora Merceditas y nuestra vecina de enfrente Dollys, quienes en el acto se aparecieron en el apartamento, yo ya estaba vestido con un pantalón gris y una camisa blanca, dispuesto a ir a la funeraria donde habían trasladado a Merina; inmediatamente la vi arranqué en llanto, no sabía qué decir, no sabía qué hacer, ellas solo atinaron a abrazarme y a decirme palabras de consuelo. Ese lunes partí para la funeraria, no importaba comer nada, estaba tan lánguido que las demás personas que fueron llegando al lugar, en especial, sus compañeras de trabajo y mis amigos de la Secretaría y del ICBF, me habían insinuado que fuéramos a una cafetería ahí cerca a desayunar, pero nada, yo a duras penas podía pensar, solo quería llegar al ataúd y ver a mi esposa, ese momento fue tan terrible, verla metida en esa caja, sin sentir nada, sin darse cuenta de nada, yo solo la miré y me fui en llanto copioso, tal vez repitiendo las palabras que se acostumbra decir en esos casos, de por qué te fuiste y nos dejaste, ahora qué haré sin ti. Era tanto mi dolor que me tuvieron que retirar del sitio. Además, había que ocuparse de los papeles de traslados y del pago del tiquete para el traslado de Merina, había que llevar a la notaría el Certificado de defunción para su respectiva anotación en el registro. Porque ese mismo día a las 4 de la tarde viajaríamos a Montería. Así que, como a las dos Piedad amablemente nos llevaría al aeropuerto, creo que fueron otras personas, yo la verdad estaba como en una hipnosis, caminaba porque había que hacerlo, saber que en ese avión mi esposa iría como si fuera parte del equipaje, metida en ataúd, mientras nosotros iríamos sentados, pensar que mil veces viajamos juntos y que ahora viajamos juntos, pero en condiciones muy diferentes, que ya no nos sentaríamos más junto a nuestros hijos, que ese sería el último viaje que realizaríamos, qué incomodidad aquella, hubiese dado lo que no tenía para que eso que estaba sucediendo no lo estuviésemos viviendo. Era realmente increíble que mis hijos tan pequeños, que necesitaban tanto el amor de una mamá, ya no la tuvieran. Al llegar a la ciudad de Montería había mucha gente esperando tanto en el aeropuerto como en la funeraria, donde llegaría el cuerpo de Merina. En el aeropuerto estaba su familia, y por supuesto la mía: Amparo, José Luis, no puedo recordar mucho, estaba la señora Marta, los hermanos de Merina, que al verme agarrado de los niños, no resistieron y se fueron en llanto; a Merina la entregaban por la puerta de carga, por lo que tenía que dirigirme hacia aquella puerta para recibirla, como si fuera un paquete, fueron escenas muy dolorosas, ver a su familia destrozada, que ya se habían descompletado, pues Merina era la única de los doce hermanos que fallecía. Ahí también estaba el carro fúnebre de la funeraria San Luis esperando para trasladarla a sus salas de velación. Cuando llegamos allá, el sitio estaba lleno de mis familiares y amigos de mi querido pueblo, los que nunca me olvidaron, recuerdo haber visto mis vecinos de infancia, a quienes recuerdo y quiero muchísimo. En un instante de aquellos, les dije a todos que salieran, que quería que mis hijos despidieran a su mamá, ahí estuvimos solo los cuatro, les dije que su mamá era lo más grande que nos había sucedido en la vida y que era hora de decirle adiós, que ya no la volveríamos a ver nunca más y que quería que la recordaran siempre, que ahora nos íbamos a ir a la casa de la abuelita Mirella por unos días hasta que nuevamente viajáramos a la ciudad de Bogotá. Además, la mamá de Merina no estaba de acuerdo con la sala de velación sino que quería tenerla en su sala los días que restaran para el entierro. Así fue, yo no estaba muy de acuerdo, pero por qué le llevaría la contraria y eran tan solo un par de días, porque ellos querían que llegara su hermano Darío de Caracas para el entierro. Esa noche ya instalada allá, en la casa de mi suegra, quien no paraba de dar gritos, su dolor era enorme, tal vez ella y yo éramos las personas más afectadas; fueron llegando uno a uno los amigos de ella, los míos, mis familiares, la casa se llenó de mucha gente, debo agradecer aquellos gestos de solidaridad de todas esas personas que sacaron su tiempo para estar ahí en esos momentos, en los cuales verdaderamente se necesitan. Como a las 10 de la noche con todo mi dolor de dejar ahí sola a Merina, me tuve que ir para mi casa, porque allá estaban mis polluelos, debía ver que había pasado con ellos, si habían comido y debía dormirlos, sin demostrar tristeza, quería vendar sus ojos para que no sintieran lo que estaba pasando, sin preguntarles nada de lo que estábamos viviendo, era como quererlos tener en una burbuja y que sustrajeran el suceso de sus mentes, a partir de ahí estarían aún más apegados a mí y solo se dormirían conmigo, seriamos los tres afrontando la nueva vida.

Esa noche me desperté muchas veces, iba al baño y lloraba en silencio, quería que amaneciera lo antes posible para vestirme y llegar a casa de mi suegra; al llegar lo primero que hacía era acercarme al ataúd y llorar como un niño chiquito, cuando le quitan su juguete preferido, ese dolor era mío y nadie podía quitármelo, es como el carnaval, solo lo siente quien lo vive. Las personas a partir de las 8 empezaban a llegar, ese día fue Diana la mujer de mi primo Edén, a ellos se les había muerto en un accidente de tránsito su hijo Daniel Esteban, ella seguro comprendía lo que me pasaba, no sé si se pueden comparar los dolores, pero ambos sabíamos lo que se siente, a ella le dije que hubiese dado mi vida por la de Merina, que Dios se había equivocado, porque había dejado al más débil y se había llevado al más fuerte, tal vez tenía miedo de lo que venía, de la responsabilidad enorme que me tocaría llevar sobre mis espaldas, era todo, la crianza a mí solo de los niños, sin modo alguno de equivocarme, porque ellos ahora dependían absolutamente de mí. De ahí mucha gente me llamó a darme las condolencias, hasta el ministro de Protección Social de la época, el doctor Diego Palacio, con quien muy pocas veces me tocó estar en reunión, por lo que el ICBF era una entidad adscrita a dicho Ministerio, me llamó a darme unas palabras de aliento, igualmente me llamó el doctor Enrique Peñalosa, pero nada era suficiente, nadie podía calmar ni siquiera un poco lo que sentía mi corazón. Hay una cosa curiosa que me pasaba, no sé si eso le pasa a todas las personas que experimentan una situación de duelo y era que con algunas personas sentía la imperiosa necesidad de llorar, solo con escuchar su voz, no era con todas, eso no me lo explicaba, tal vez jamás tendremos explicaciones para muchas cosas, solo hay que seguir. Así mismo habían tantas contradicciones en esto, por ejemplo: jamás envié unas flores a Merina, pero la sala de mi suegra estaba llena de ramos que enviaba mucha gente, a veces no lo hacemos con nadie, pero cuando muere lo hacemos, ya para qué, ya no valía de nada tantas atenciones, pues cuando se muere alguien, después del entierro ya nadie preguntará por ella, solo quedará en el recuerdo de la gente, hasta que éste en algún momento se borre de la memoria o tal vez jamás lograremos quitarnos esa marca y la llevaremos por siempre en nuestro corazón.

Llegó el miércoles, el día del entierro, sabía que ese día iba a ser muy duro, pero no ni siquiera me imaginaba cuánto, me coloqué un pantalón gris y una camisa blanca, tampoco entiendo por qué para un acto tan amargo y lamentable en la vida, tenía que escoger una ropa elegante, como si uno fuera para una fiesta y así van la mayoría, por no decir todas, las personas que asisten a esta ceremonia tan lamentable. Esa mañana aún más que de costumbre me levanté más temprano, miré a mis hijos que continuaban durmiendo y los besé con mucho dolor porque ese día despediría para siempre a su mamá y fui corriendo, me hubiese podido ir caminando y no importaba, tenía que ir al encuentro con mi esposa, antes de que saliera directo para la iglesia y el cementerio, ese día lloré mucho más, el lagrimal se me estaba secando, no podía más, qué momentos tan duros tiene la gente que soportar cuando ve salir el féretro de la persona que fue su compañera por mucho tiempo para la iglesia, estando en ésta no pude contener el llanto al escuchar una canción por parte del coro, que la teníamos grabada en un CD y escuchábamos en el carro constantemente, después salir de ahí para el cementerio, lo que sería la última morada de ella, allá se quedaría solita y a partir de aquí las personas empezarían a borrar su nombre, es como si nunca hubiese existido. Recordar el momento final en la cual la meten en la bóveda para sellarla y saber que ahí acabaría su existencia; yo la verdad me quería morir, solo daba alaridos, que no llegaban a ninguna parte, porque nada ni nadie me devolvería a Merina. Pero también entiendo que si éste fue el momento más duro, también fue el punto de partida para saber qué era lo que iba a hacer de ahora en adelante, saber que ya era una realidad, estaba al frente de una familia y que tendría que ser valiente para salir adelante con mis dos hijos. Esa tarde la pasé en casa muy callado, como queriendo poner en orden mis ideas, pues siempre fui de esas personas que quiso tener todo bajo control, pero esta situación se me salía de los parámetros y del alcance, eso me tenía atormentado y aunque mi hermana Gloria llamaba a cada instante a darme ánimo, no podía conseguir la calma, lo único que le pedía era que se viniera pronto y viniera a acompañarnos a salir de aquel trance, en el cual me encontraba, pero ella solo hasta en un mes podía venir, pues, como era lógico, tenía que arreglar primero unos asuntos allá en España. Sin embrago, uno en este estado de dolor e incertidumbre quiere que todos giren alrededor de uno, pero no es así, cada uno tiene que continuar su propio camino, el mundo inexorablemente sigue su rumbo y uno queda perplejo, paralizado, esperando que los demás se detengan y que sientan el dolor que uno tiene, qué diferente es, el dolor solo lo cargan las personas que están viviendo aquella situación y pensar que cada día hay millones de personas que apenas comienzan su tragedia, que el mundo apenas se les está viniendo abajo, pero no hay herida que el tiempo no sane, todo en su debido momento, solo toca dejarlo pasar.

El resto de la semana lo pasamos en Montería, en compañía de mi familia, aunque nada podía quitar el intenso dolor que me embargaba, no lo podía creer, a cada minuto miraba la película de lo que había pasado, desde que se enfermó y por todo lo que tuvo que pasar, a veces me pregunté qué habría sucedido si nos hubiésemos quedado quietos y Merina no se hubiese sometido a la tortura de las quimioterapias y las radioterapias, tal vez el resultado hubiese sido el mismo, pero con un tiempo de vida más largo. Cuando nos ocurren estos hechos, las personas que quedamos en la tierra, empezamos a preguntar a Dios por qué a nosotros, qué fue lo malo que hicimos, cuál fue ese pecado tan enorme que cometimos. Por qué Dios quería que viviéramos esta experiencia, yo particularmente nunca lo pude comprender, había sido un ejemplo, un modelo, había honrado a mis padres, como dice la Biblia, había hecho todo el camino recto, bueno, al menos eso es lo que creía, quien sabe Dios qué nos estaría cobrando, no lo sé y nunca lo sabré. El domingo teníamos que partir a la ciudad de Bogotá, yo lo pensaba mucho, era llegar al apartamento y saber que ella no estaría ahí, que nunca la volveríamos a ver, tenía que estar preparado para aquel momento y debía ser fuerte por mis hijos, no sabía nada de lo que iba a hacer, así fue, llegamos al edificio, yo estaba que con solo ver al portero lloraba, así que decidí no articular palabra y seguir el camino, abrí el apartamento y aunque me quemaba el alma, tener que ir al cuarto, ver la cama en donde dormíamos, unas escenas que no le deseo a nadie, pero tenía el deber moral de seguir, afortunadamente nuevamente Mayi, Maru y Carlos Andrés, el hijo de Gloria, que recién terminaba derecho nos acompañaron. El lunes había que levantarse temprano, alistar a los niños para reanudar el colegio, yo quise ir a la oficina, pensé ser capaz y lo hice, cuando me presenté nuevamente allá, por supuesto la gente me abordó con sus manifestaciones de cariño y afecto, recuerdo especialmente que a mi oficina llegó una amiga que quiero mucho, Matilde Mendieta, quien también hacía algunos años padeció de un cáncer en el brazo, pero lo había superado, gracias a Dios; cuando ella se sentó me abrazó, yo le mostré una carta que había hecho a Dios, en donde escribía que le dijera a Merina que todo iba a estar bien, que yo haría lo imposible por cuidar de nuestros hijos, que no se preocupara, que me la cuidara en el cielo, tanto ella como yo nos abrazamos en un llanto que no éramos capaces de calmarnos, acto seguido me fui a una reunión en la Dirección técnica, pero me colocaron el tema y no aguanté mi llanto, les dije a los asistentes que no era justo que mis hijos, siendo tan pequeños, no tuvieran mamá, la verdad salí de ahí a tomar un poco de aire y otra vez continuar, lo cual fue imposible, mi pensamiento no daba para otra cosa que pensar en lo desgraciada que era mi vida, por lo que solicité las vacaciones a partir del día siguiente y por supuesto me las aceptaron, pues hubiese sido muy inhumano que las negaran, me fui a mi casa a seguir pensando en lo mismo, no había nada diferente en que ocupar la mente. Cuando llegaron las cuatro de la tarde, salí a esperar a mis hijos de la ruta, me dediqué a ellos en esas vacaciones y a otras cosas como ocuparme de los asuntos de Merina en la Secretaría de Educación, en lo cual me ayudó Carlos Andrés, pues había que hacer muchos oficios dirigidos a esa entidad, como el pago de las prestaciones, las cesantías y a agotar la vía administrativa, reclamando la pensión de sobreviviente.

Al mes de morir Merina, mis amigos de la Secretaría de Hacienda ofrecieron una misa por su eterno descanso en la iglesia Cristo Rey, al norte de la ciudad; recuerdo ese día, ya me había reintegrado al trabajo, pero ese preciso día tuve que llevar de urgencia a Daniela, quien presentaba un cuadro de gripa y fiebre, desde hacía unos días, pensaba que era como si el mundo se me estuviera viniendo contra mí, cuando entramos al consultorio de la doctora que nos atendió, empezó hacer las preguntas de rutina, yo le conté que la mamá había muerto de cáncer y que precisamente ese día tenía un mes de fallecida, ella se alarmó, su cara se transformó e inmediatamente ordenó una placa de tórax, creo que fue un poco exagerada su reacción, pero bueno, gracias a Dios todo salió bien y de ahí partimos para la iglesia, ahí estaban todas esas personas que lo aprecian a uno, acompañándonos en aquel sitio, fue una misa interminable, mis hijos y yo no hicimos otra cosa que llorar incansablemente con cada palabra que decía el sacerdote, apenas estaba empezando para nosotros ese dolor, con el cual teníamos que vivir el resto de la vida. Exactamente el día después de la misa, llegó mi hermana Gloria de España, llegó muy tarde en la noche, yo no la recogí en el aeropuerto, no recuerdo quién lo hizo, pero la esperábamos desde hacía mucho tiempo; cuando llegó iba a empezar a llorar, yo le dije que no lo hiciera por los niños y porque ya yo tenía mis ojos secos de tanto hacerlo, solo dijo que parecía increíble llegar y no encontrar a Merina, pero que así es la vida, algunos se nos adelantan en el camino hacia el encuentro con Dios. Los días en que mi hermana estaba ahí fueron más llevaderos, ella se encargó de comprar un montón de vitaminas para los niños y estaba muy pendiente para que comieran. Esos días en el ICBF, el equipo de dirección me dijo que habían pagado unas sesiones de acompañamiento con la Psicóloga, reconocida y experta en el tema de duelo, la doctora Isa Fonnegra de Jaramillo; así lo hice, fui al encuentro de la Psicóloga, quien me dijo que todos los seres humanos siempre vivimos experimentando pérdidas, no solo la pérdida de un ser querido, sino cuando perdemos algo que para nosotros es representativo, y me decía que le contara lo sucedido, lo cual me hacía llorar todo el tiempo, ella tiene pañuelitos clínex y está lista a pasarlos a los que tiene sentados al frente, que en este caso desafortunadamente era yo. Ahí conversamos mucho sobre lo que sería mi futuro de aquí en adelante, que lo que importaba no era yo, sino mis hijos, en ellos debíamos concentrarnos para que pudieran tener una infancia feliz; indagó con quién vivía, le contesté que éramos nosotros tres y una cuñada mía, y que tanto la familia de Merina como la mía residían en la ciudad de Montería, además me recomendó otra Psicóloga, amiga de ella, para los niños, pues su especialidad eran los chicos, porque yo había cometido el error de no llevarlos al entierro, para que ellos vivieran su propia experiencia y se concientizaran de la realidad que tenían ahora. Así continuamos las sesiones, era siempre llorar, aunque ella me decía que no debemos endiosar a las personas que se mueren, que le hablara no solo de lo bueno sino de lo que no me gustaba de Merina, yo le decía cuando peleábamos y por qué lo hacíamos, ella solo escuchaba y yo solo hablaba y lloraba. Después de eso me dijo: como aquí tú no eres el sujeto principal sino los niños, pensemos que es lo más conveniente para ellos, a los niños hay que buscarles su red de apoyo y esa red es la familia, hay que mostrarles que tienen abuelas, tías, primos y rodearlos, que si yo no había pensado en renunciar al trabajo e irme a Montería y mirar que había gente que nos quería y que nos acompañarían en este proceso, que fuera a casa e hiciera en un papel las ventajas de quedarme y las ventajas de irme, que lo pensara y lo meditara, que hablara con los niños y les dijera que de ahora en adelante el barco había quedado con tres pasajeros y que tenía que asumir el papel de capitán y guiarlo hacía lo que era mejor para cada uno de nosotros y en especial para ellos. Yo por supuesto hacía mi tarea en compañía de mi hermana Gloria, no hubiese sabido qué hacer si ella no se viene a acompañarme, pues ella recogía a los niños cuando llegaban del colegio, hacía tareas con ellos, por ese lado estaba tranquilo, pero cuando tuviera que regresarse, como efectivamente tenía que hacerlo, cómo iba a hacer, ella me alentaba que hablara con mi amiga Rosa María y que le expusiera lo que decía la doctora Fonnegra. Al día siguiente fui a hablar con Rosa María Navarro, mi gran amiga, además Merina le tomó un gran aprecio, e incluso le había regalado un cuadrito pequeño que había pintado con unas rosas, le expuse la situación, le dije que quería renunciar que me ayudara a hablar con la Directora, ella me dijo que era muy cierto, que ahí por mi cargo, no podía salir a las cinco de la tarde y encargarme de los niños, que era muy difícil, que entráramos enseguida a la oficina de la directora para hablar del asunto, así lo hicimos, pero a la Directora no le pareció de inmediato y más bien me sugirió que pidiera una licencia por los meses que yo necesitara y me viniera a Córdoba y que después regresara a mi trabajo. Pero Dios es maravilloso, y aquí empezaría a comprender por qué no me dieron los traslados a la Secretaría de Salud, por qué siempre se frustraban mis intentos de quedarme en una entidad del Distrito, además comprendería el mensaje bíblico que me salió el día en que tomaba la decisión de cambiarme al ICBF, resulta y acontece que había una asesora de Dirección que hacía algunos meses había dado a luz, pero que a raíz de lo que me había acontecido renunció, pues imaginó la situación y sopesó muchas cosas y decidió renunciar a su cargo para dedicarse en un cien por ciento a su pequeña bebé. Esta situación iluminó a Rosa María para decirle a la Directora que lo que podían hacer conmigo era que renunciara, me viniera a Córdoba y me vinculaban en el cargo que recién quedaba libre de asesor, ganaría menos, por lo que tenía que ser jurídicamente necesario que me quedara un mes desvinculado de la entidad para perder la continuidad; la Directora seguía pensando, pero ahora le sembrábamos la duda, pues ella insistía en la licencia, hasta que un día en una reunión me vio y yo como que estaba más flaco que de costumbre y con la cara un poco demacrada, ella me miró y me dijo: renuncia, vete, busca ser feliz. Ahí en ese momento, entendí que Dios tiene el control de todo, Él es tan poderoso que sabe efectivamente lo que le va a pasar a las personas y Él estaba mostrando el camino. Es como comparar la historia bíblica de José, cuando le pasaron tantas situaciones adversas, como la venta de él por sus hermanos a los egipcios, después lo meten a la cárcel y es ahí donde le revela el significado de un sueño que tuvo el copero de Faraón, quien fue su enlace para que finalmente lo nombraran como el segundo a cargo en Egipto y salvara a muchas personas de la hambruna. Así, me identifico con esa historia, pues recuerdan cuando ninguno de los trabajos de la Secretaría Distrital de Salud se me dieron, eran porque realmente no me convenían, mi camino estaba orientado hacía el ICBF, entidad que tiene representatividad en todo el territorio nacional, era ahí donde Dios me quería, porque de ahí me devolvería a mi tierra natal. Así que no nos angustiemos por las cosas malas que nos sucedan, pues

Dios se glorificará de todas manera sobre cada uno de nosotros, Él es el dueño del sendero, Él ya tiene escogido nuestro camino, solo hay que seguirlo y sin reproches, repito nuevamente lo dicho: hay que vivir de la mejor manera posible la vida que nos tocó.

Debo mencionar que en este tiempo, hubo personas incondicionales, por ejemplo, conmigo trabajaba una niña muy querida, Fabiola Peña, ella también había pasado su trago amargo, se le había muerto el esposo exactamente un año antes que Merina, por poco el mismo día, a ella le ocurrió el 5 de mayo de 2007, de un infarto fulminante por estrés. Fabiola me recomendó y me regaló muchos libros de duelos, me habló que habían unos grupos por internet de duelo, en donde la gente hablaba de lo que le pasaba, que eso no solo le pasa a uno, le pasa a miles de personas; en ese foro comprendí que todos mis dolores musculares de pecho, espalda, brazos, le ocurría a la mayoría de ellos, que habían pasado por el mismo proceso. De los libros me los leí, todos hablaban de las etapas del duelo, de la negación, de la aceptación y de convivir con el dolor, de ellos el libro de Gloria Sierra Uribe «Para vivir los Duelos», traía una historia de Jorge Bucay, que me impactó mucho, la cual es la siguiente:

«La isla de las emociones

Hubo una vez una isla donde habitaban todas las emociones y todos los sentimientos humanos que existen.

Convivían, por supuesto, el Temor, la Sabiduría, el Amor, la Angustia, la Envidia, el Odio... Todos estaban allí. A pesar de los roces naturales de la convivencia, la vida era sumamente tranquila y hasta previsible. A veces la Rutina hacía que el Aburrimiento se quedara dormido, o el Impulso armara algún escándalo, pero muchas veces la Constancia y la Conveniencia lograban aquietar el Descontento.

Un día, inesperadamente para todos los habitantes de la isla, el Conocimiento llamó a reunión. Cuando la Distracción se dio por enterada y la Pereza llegó al lugar del encuentro, todos estuvieron presentes. Entonces, el Conocimiento dijo: –Tengo una mala noticia para darles: La isla se hunde. Todas las emociones que vivían en la isla dijeron: – ¡No, cómo puede ser! ¡Si nosotros vivimos aquí desde siempre! El Conocimiento repitió: –La isla se hunde.

–¡Pero no puede ser! ¡Quizá estás equivocado! –El Conocimiento casi nunca se equivoca –dijo la Conciencia dándose cuenta de la verdad–. Si él dice que se hunde, debe ser porque se hunde. –¿Pero qué vamos a hacer ahora? –se preguntaron los demás. Entonces, el Conocimiento contestó: –Por supuesto, cada uno puede hacer lo que quiera, pero yo les sugiero que busquen la manera de dejar la isla... Construyan un barco, un bote, una balsa o algo que les permita

*irse, porque el que permanezca en la isla desaparecerá con ella. –¿No podrías ayudarnos? –preguntaron todos, porque confiaban en su capacidad. –No –dijo el Conocimiento–, la Previsión y yo hemos construido un avión y en cuanto termine de decirles esto volaremos hasta la isla más cercana. Las emociones dijeron: –¡No! ¡Pero no! ¿Qué será de nosotros? Dicho esto, el Conocimiento se subió al avión con su socia y, llevando de polizón al Miedo, que como no es zonzo ya se había escondido en el motor, dejaron la isla. Todas las emociones, en efecto, se dedicaron a construir un bote, un barco, un velero... Todas... salvo el **Amor**. Porque el Amor estaba tan relacionado con cada cosa de la isla que dijo: –Dejar esta isla... después de todo lo que viví aquí... ¿Cómo podría yo dejar este arbolito, por ejemplo? Ahh... compartimos tantas cosas... Y mientras las emociones se dedicaban a fabricar el medio para irse, el Amor se subió a cada árbol, olió cada rosa, se fue hasta la playa y se revolcó en la arena como solía hacerlo en otros tiempos. Tocó cada piedra... y acarició cada rama...Al llegar a la playa, exactamente desde donde el sol salía, su lugar favorito, quiso pensar con esa ingenuidad que tiene el amor: «Quizá la isla se hunda por un ratito... y después resurja... ¿por qué no?» Y se quedó durante días y días midiendo la altura de la marea para revisar si el proceso de hundimiento no era reversible...*

La isla se hundía cada vez más...Sin embargo, el Amor no podía pensar en construir, porque estaba tan dolorido que sólo era capaz de llorar y gemir por lo que perdería. Se le ocurrió entonces que la isla era muy grande, y que aun cuando se hundiera un poco, siempre él podría refugiarse en la zona más alta...Cualquier cosa era mejor que tener que irse. Una pequeña renuncia nunca había sido un problema para él. Así que, una vez más, tocó las piedritas de la orilla... y se arrastró por la arena... y otra vez se mojó los pies en la pequeña playa que otrora fue enorme...Luego, sin darse cuenta demasiado de su renuncia, caminó hacia la parte norte de la isla, que si bien no era la que más le gustaba, era la más elevada...Y la isla se hundía cada día un poco más...Y el Amor se refugiaba cada día en un espacio más pequeño... —Después de tantas cosas que pasamos juntos... —le reprochó a la isla. Hasta que, finalmente, sólo quedó una minúscula porción de suelo firme; el resto había sido tapado completamente por el agua. Recién en ese momento el Amor se dio cuenta de que la isla se estaba hundiendo de verdad. Comprendió que, si no dejaba la isla, el amor desaparecería para siempre de la faz de la Tierra...Caminando entre senderos anegados y saltando enormes charcos de agua, el Amor se dirigió a la bahía. Ya no había posibilidades de construirse una salida como la de todos; había perdido demasiado tiempo en negar lo que perdía y en llorar lo que desaparecía poco a poco ante sus ojos. Desde allí podría ver pasar a sus compañeros en las embarcaciones. Tenía la esperanza de explicar su situación y de que alguno de sus compañeros lo comprendiera y lo llevara. Buscando con los ojos en el mar, vio venir el barco de la Riqueza y le hizo señas. La Riqueza se acercó un poquito a la bahía. —Riqueza, tú que tienes un barco tan grande, ¿no me llevarías hasta la isla vecina? Yo sufrí tanto la desaparición de esta isla que no pude fabricarme un bote... Y la Riqueza le contestó: —Estoy tan cargada de dinero, de joyas y de piedras preciosas, que no tengo lugar para ti, lo siento... —y siguió su camino sin mirar atrás. El Amor se quedó mirando, y vio venir a la Vanidad en un barco hermoso, lleno de adornos, caireles, mármoles y florecitas de todos los colores. Llamaba muchísimo la atención. El Amor se estiró un poco y gritó: —¡Vanidad... Vanidad... llévame contigo! La Vanidad miró al Amor y le dijo: —Me encantaría llevarte, pero... ¡tienes un aspecto!... ¡estás tan desagradable... tan sucio y tan desaliñado!... Perdón, pero creo que afearías mi barco—, y se fue. Y así, el Amor pidió ayuda a cada una de las emociones. A la Constancia, a la Sensualidad, a los Celos, a la Indignación y hasta al Odio. Y cuando pensó que ya nadie más pasaría, vio acercarse un barco muy pequeño, el último, el de la Tristeza. —Tristeza, hermana —le dijo—, tú que me conoces tanto, tú no me abandonarás aquí, eres tan sensible como yo... ¿Me llevarás contigo? Y la Tristeza le contestó: —Yo te llevaría, te lo aseguro, pero estoy tan triste... que prefiero estar sola —y sin decir más, se alejó. Y el Amor, pobrecito, se dio cuenta de que por haberse quedado ligado a esas cosas que tanto amaba, la isla iba a hundirse en el mar hasta desaparecer. Entonces se sentó en el último pedacito que quedaba de su isla a esperar el final... De pronto, el Amor escuchó que alguien chistaba: —Chst-chst-chst... Era un desconocido viejito que le hacía señas desde un bote de remos. El Amor se sorprendió: —¿A mí? —preguntó, llevándose una mano al pecho. —Sí, sí —dijo el viejito—, a ti. Ven conmigo, súbete a mi bote y rema conmigo, yo te salvo. El Amor lo miró y quiso explicar: —Lo que pasó fue que yo me quedé... —Yo entiendo —dijo el viejito sin dejarlo terminar la frase—, sube. El Amor subió al bote y juntos empezaron a remar para alejarse de la isla.

No pasó mucho tiempo antes de ver cómo el último centímetro que quedaba a flote terminó de hundirse y la isla desaparecía para siempre. —Nunca volverá a existir una isla como ésta —murmuró el Amor, quizá esperando que el viejito lo contradijera y le diera alguna esperanza. —No —dijo el viejo— como ésta, nunca. Cuando llegaron a la isla vecina, el Amor comprendió que seguía vivo. Se dio cuenta de que iba a seguir existiendo. Giró sobre sus pies para agradecerle *al viejito, pero éste, sin decir una palabra, se había marchado tan misteriosamente como había aparecido. Entonces, el Amor, muy intrigado, fue en busca de la Sabiduría para preguntarle: –¿Cómo puede ser? Yo no lo conozco y él me salvó... Todos los demás no comprendían que me hubiera quedado sin embarcación, pero él me ayudó, él me salvó y yo ni siquiera sé quién es... La Sabiduría lo miró a los ojos largamente y dijo: –Él es el único que siempre es capaz de conseguir que el amor sobreviva cuando el dolor de una pérdida le hace creer que es imposible seguir. El único capaz de darle una nueva oportunidad al amor cuando parece extinguirse. El que te salvó, Amor, es el **Tiempo.**»*

Este cuento lo tomé literalmente al pie de la letra y más cuando ya me habían dicho que pasara la carta de renuncia, porque iba a dejar aquella ciudad, la que me había dado tanto, en la que había sido feliz, en ella conseguí estudiar, trabajar, estando allá me casé y en ella nacerían mis dos hijos, pero también en ella viví la peor desgracia de mi vida, la muerte de mi esposa y no me quedaría allí, tenía que buscar otra isla para seguir viviendo como el cuento, lejos de los recuerdos, lejos de lo que me recordara mi viacrucis en el último año. Ahora que ya tenía una certeza de lo que iba a hacer, me vendría a Montería y con trabajo, que no es lo mismo, por eso enfocaría todas mis energías en resolver todos los asuntos pendientes, como el alquiler del apartamento, la venta de la casa de Silvania, la compra de un lote en el barrio La Castellana de Montería para hacer la casa en donde viviríamos mis hijos y yo, ir al colegio a llevar la carta de renuncia, en cierto modo para retirar a los niños, el día que hice eso fue muy doloroso para mí, porque tanto Merina como yo amábamos ese colegio, por el cual luchamos y nos levantamos una vez muy temprano para reclamar el formulario. Ese día cuando llegué y me bajé del carro, lo primero que hice fue echarme la bendición, casualmente la secretaria del colegio también entraba en ese momento y me dijo: viene a hacer algo muy grande porque no todos nos persignamos por cualquier cosa; le respondí que si venía con todo el dolor de mi alma a retirar a mis hijos de aquí, por supuesto le conté las razones por lo que hacía y quién no entiende éstas, por supuesto que todos. Le pedí el favor que me dejara hablar un segundo con Belita, la hija de director, quien tenía un aprecio único por Juan Pablo, mi hijo; cuando me presenté ante ella, a ambos se nos escurrieron las lágrimas, le expliqué lo que venía a hacer y le di las gracias, ella me miró y mencionó que era una verdadera lástima porque mis hijos tenían un gran futuro en ese colegio y también me dijo que lo sentía mucho, que era raro verme solo en el colegio sin la compañía de mi esposa, nos dimos un abrazo fraterno y me despedí para siempre de aquel lugar, como cerrando tan solo uno de los capítulos que tocaba cerrar.

Lo otro que haría era ir en busca de uno de esos pintores callejeros que se colocaban en el centro de la ciudad y dibujaban rápidamente un rostro en carboncillo, para que me dibujara a Merina, pero en un lienzo a color, en dos días fuimos a buscar el retrato, el cual aunque quedó bien, no satisfizo totalmente mis expectativas, el rostro no quedó como esos que él hacía en papel y al carbón, por lo que le dije que me hiciera el mismo pero en su modo tradicional, éste sí quedó como debía ser. Así mismo, tomé todos los lienzos que había hecho Merina para llevarlos a enmarcar, quería que cuando estuviéramos en una casa nueva solo se visualizaran sus cuadros. Ese fin de semana nos dirigimos a la casa de Silvania, para arreglar todo lo que estuviera mal, a mandarla a pintar y dejar todo en regla en cuanto a cuentas con la administración, porque si me venía qué iba a hacer con esa casa, llegar allí, encontrarme con mis vecinos de condominio, cuando siempre nos vieron salir tomados de la mano, fue muy doloroso, tenía que vivir mi proceso con cada paso que daba, ese es el duelo, hacer de tripas corazones cuando recorres solo los caminos que antes recorriste acompañado, encontrándote con la gente que trataste y que cuando ves, mil imágenes de recuerdos se te viene a la mente, eso es ser valeroso, porque había que tomar el dolor y continuar caminando, sabiendo que nada podía ni volvería a ser igual, es como si uno fuera un ente que solo camina, porque tu pensamiento se transporta con cada paso que das y nadie puede ayudarte, el dolor solo lo tiene la persona afectada. Tenía que ser valiente para entrar a la casa que con mucho cariño y amor decoramos, era ahora una casa vacía, que solo daban ganas de salir corriendo, pero la vida no es de cobardes, había que continuar, que íbamos a hacer. La casa la vendería puerta cerrada, con todo lo que teníamos allí, excepto un cuadro de flores que Merina había pintado, era lo único que sacaría. Además, por esos días también llegaría de España mi hermana Patricia, quien se incorporaría al equipo de embalaje de las cosas, ella y Gloria creo que ni dormían, se levantaban a las 3 de la mañana a empezar a empacar todo lo del apartamento, la idea era dejarlo completamente vacío, solo con las cortinas, para qué, esas mujeres son unas luchadoras, qué hubiese hecho sin ellas en esos momentos, puesto que ellas tenían una vitalidad única, tomaron los cuadros, el tesoro más preciado que teníamos en esos momentos, los empacaron con papel plástico transparente grueso, de ese que está abuchonado con bolsitas de aire. Cuando ya todo estaba empacado, Patricia tomó el camino hacia la ciudad de Montería para organizar la casa en donde vivía mi madre, mi hermano Armando y mis sobrinos Carlos Andrés, el hijo de Gloria y Víctor Alejandro; a ellos también les cambiaría la vida, por un reflejo de mi situación. Pero Dios, en medio de mis atribulaciones, mostraba una vez más su misericordia y alineó al Universo para que las cosas se desarrollaran sin mayores contratiempos; así fue como nos colocamos en contacto con la sección de arriendo de una de las aseguradoras para dar en arriendo el apartamento y concomitante, con esto colocamos tanto el aviso de arriendo del apartamento como el de venta de la casa de Silvania en el periódico El Tiempo, las llamadas no se hicieron esperar, mucha gente vino a ver el apartamento, hasta que apareció la persona que lo tomaría y completaría los papeles que exigía la aseguradora. Así mismo llamaron, aunque pocas personas, por la casa de campo, ésta era más complicada de vender, qué preocupación la mía con esa casa, pues qué iba a hacer con ella, sola se destruiría; pero de nuevo Dios envía sus angelitos, creo que Fabiolita, al verme tan angustiado con ese problema y entendiendo perfectamente lo que me ocurría, un día llegó a la oficina y me dijo que ella tenía un dinero invertido con un corredor de bolsa y que era suficiente para comprarme la casa, ese día descansé, no solo por la venta, sino también porque esa casa que tenía un valor sentimental para mí, puesto que había sido producto del esfuerzo conjunto con Merina, estaba todo nuestro amor ahí, no podía quedar en mejores manos. Igualmente le dije a Carlos Andrés, que averiguara el lote en el barrio La Castellana, tenía que ser muy grande, porque quería una casa grande para mis hijos, los iba a consentir como nunca, tenía que multiplicarme por dos en el afecto, después de todo ellos serían las personitas más afectadas en este proceso y precisamente pensando en ellos, llamé a su tía Dálida, hermana de su mamá, para que fuera hablando con la rectora del Colegio La Salle en Montería para averiguar los cupos. Era toda una movilización, contratamos el transporte que traería las cosas para el día 24 de julio, porque nosotros, me refiero a Gloria, mis hijos, mi persona y mi primo Arturo, que siempre estaba dispuesto a colaborarme para estos viajes en parte del trayecto con la conducción, viajaríamos el sábado 25 de julio. Lo que son las ironías de la vida, ese día se casaba mi sobrina Isabella, hija de Amparo, mientras que unos celebran, otros lloramos, dejando atrás tantos recuerdos vividos, tantos momentos de felicidad, que para ese entonces solo era una nube negra, que no tenía claridad. Empezábamos de cero, teníamos que escribir una nueva historia, que difícil es arrancar, siempre el comienzo es muy difícil, así son todas las cosas en la vida, para aquel que comienza la universidad, para el que empieza su vida laboral, su vida matrimonial, pero lo importante es no detenerse, después de empezar el camino siempre es más fácil. El regreso a Córdoba fue tranquilo, el viaje transcurrió supremamente bien y aunque yo venía cabizbajo, mi hermana Gloria y Arturo venían optimistas, aunque salimos de Bogotá a las cuatro de la mañana, llegamos a Montería como a las 8 de la noche, por supuesto, no había nadie en casa, solo mi madre con la persona que la cuidaba, pues todos los demás estaban para el matrimonio de Isabella, esa noche comimos algo y nos acomodamos, al día siguiente veríamos como quedaríamos y hablaría con todos los que allí vivían.

Así fue, al día siguiente un poco más reposado, reuní a Armando y mis sobrinos, les dije que las cosas lamentablemente habían cambiado no solo para mí, sino también para ellos, pues tendríamos que acomodarnos todos en esa casa, que yo no tenía ningún reparo en que se quedaran, eso sí, siempre ayudándonos, que yo ahora estaría al frente de este barco, bueno, nadie pronunciaba palabra, todos estaban dispuestos, la verdad no tenían muchas opciones, nos tocaba a todos convivir en aquel lugar. Esa misma semana fui al colegio La Salle para ver cómo iba hacer con la educación de mis hijos, siempre acompañado de Gloria, hablamos con la Rectora, quien se portó muy receptiva de la situación y convocó a mis hijos a un examen para el día siguiente, el cual hicieron y les fue de maravilla, ese era un tema solucionado, ya les habíamos dicho que uno vivía haciendo nuevos amigos, en cada escenario en el que nos movamos, nos tocará conocer nuevas personas y hacer nuevas amistades, que la vida cambia a cada instante y que tenemos que acomodarnos a las situaciones que se nos presentan. Tal vez eran muy chicos para entender, pero debían hacerlo para evitarse un dolor mayor, pues ya tenían el duelo de su mamá, ahora debían afrontar el duelo de dejar su entorno y sus amiguitos, bueno, a todos nos tocaba, no había otra alternativa, sino la de seguir. Así mismo fui a la Universidad Pontificia Bolivariana, a la sede que funcionaba en la ciudad, a llevar mi hoja de vida para ser profesor en la facultad de Economía; las personas que me atendieron muy queridas, me recibieron y hasta me citaron para una clase de muestra, esto no me pasaba en años, me hizo recordar el proceso que tuve que pasar en el colegio en esta misma ciudad, pero bueno, que todo fuera por tener mi mente ocupada, acepté dar una clase, esa clase la preparé con todas las de la ley, utilizando no solo el tablero sino medios audiovisuales en tiempo real, es decir, usando el programa de Excel en el mismo sitio, la idea era descrestar y así lo hice, recuerdo que no solo asistieron las personas encargadas del área de la facultad, sino también algunos docentes y la psicóloga de la Universidad, todos salieron maravillados, por lo que el paso que seguía era hacer las entrevistas con el Capellán, el Decano y el Rector, cada una de ellas las hice con puntaje sobresaliente, por lo que solo quedaba esperar qué asignatura me darían. Esta fue Hacienda Pública, materia interesante para mí, pues combinaba todo los cursos que había dictado, pero cuando el rector convocó a la primera reunión de profesores, dio la casualidad que yo no pude asistir, así que esta situación no le gustó ni poquito al señor y de manera inmediata me llamaron que ya no me querían en la institución, bueno, la verdad no sé si esa decisión en vez de mortificarme me tranquilizó, porque de cierta forma no quería el estrés de calificar exámenes y de tener que preparar material, además, acá en Montería la hora no era tan bien remunerada, así que dejé las cosas de las clases quietas, aunque me encanta, ya tenía otras cosas en que pensar. Por ejemplo, que mientras me quedé sin trabajo, por lo que debía estar separado del ICBF por lo menos un mes, me dediqué con Patricia a construir el lote que ella tenía, fue nuestra primera casa construida, nuestra primera aproximación a ese mundo, hicimos los contactos con algunos albañiles y proveedores, nos sirvió mucho, conocimos un poco del sector y construimos una casa de un piso, la cual vendimos y compramos dos lotes juntos, uno de ella y uno mío. Además, después de hacer ésta, aprovechamos el personal para empezar mi casa en el lote que había comprado en uno de los barrios más prestantes de la ciudad, empecé a comprar los materiales; Patricia y Armando me ayudaban a vigilar la obra, porque a mí ya me había llegado la Resolución de nombramiento para el ICBF regional Córdoba en el cargo acordado, es decir, de Asesor. Acá me había dado cuenta de algo que los procesos se llevan con más calma, la gente trabaja más relajada, todos iban a recoger a sus hijos al colegio y almorzaban tranquilamente en sus casas, hasta podían darse el lujo de hacer una siesta, eso no lo ofrecía Bogotá. Al principio me sentía muy raro, pues antes estaba en otro nivel más alto en la sede principal en Bogotá y cuando llamábamos a las regionales, éstas se movilizaban de una manera extraordinaria, ahora estaba al otro lado de la escena, por eso es que uno siempre debe ser un ser humano ejemplar, tener humildad, para que cuando te toque estar al otro lado tengan también un buen trato contigo. En ese entonces me dediqué mucho al tema de los niños abandonados para que las defensorías de familia los declararan en adoptabilidad y así pudiera una familia brindarles el amor y afecto que ellos necesitaban, por eso me dediqué a visitar a los ocho centros zonales que conforman la Regional Córdoba. Además, me sucedió algo muy curioso, cosas de la vida que pasan, una noche en mi casa, recién posesionado en el cargo, llega Blanca Doria, una amiga entrañable de mi esposa Merina y por supuesto amiga mía también, en compañía de una psicóloga del ICBF, quien residía con su familia, esposo e hijos en la ciudad de Montería, pero desempeñaba sus funciones en otro municipio, el cual estaba retirado a una hora y media de la ciudad, para exponerme el caso y pedirme el gran favor de exponer su caso en el comité de la Regional, puesto que llegaba muy tarde en la noche y encontraba a sus hijos dormidos; bueno, el caso curioso es que llegó con su hermana, quien se sentó en la puerta a conversar con mis hermanas, mientras la psicóloga y yo hablábamos. Pues la hermana de ella a la que yo escasamente vi, quién lo diría, que se convertiría en mi esposa dos años después, pero en esos momentos yo no tenía ni la menor intensión de mirar a nadie, ni siquiera sabía cómo enamorar a una mujer, tenía mi dolor tan intacto como el primer día. Todos los días transcurrieron normales por decirlo así, mis hijos entraron muy rápido al colegio y como me tocaba llevarlos, sentía una sensación extrañamente buena de que la ciudad estuviera tan temprano en movimiento, pues eran las 5 y media y ya se sentía el despertar de la gente, habían muchos carros y motos circulando, de todas formas ese ruido me llenaba un poco, me hacía sentir vivo nuevamente. Para suplir un poco lo de la dirección de las tareas de los niños, contraté una persona para que fuera todas las tardes a dirigirlos y alistar el uniforme y las maletas para el día siguiente, eso me daba la tranquilidad de tener esa parte bajo control. Así transcurrieron los demás días, hasta llegar diciembre, otra época dura que el solo hecho de que llegara para mí era traumático, solo pensaba cómo iba a ser ese primer diciembre sin la compañía de mi esposa, cómo sería para mis hijos, creo que cada vez escuchaba la canción *Navidad sin ti* de Marco Antonio Solís, era como una puñalada directo al corazón, pero así es la vida y a todo le debemos poner la cara, no hay otro remedio, porque cómo deteníamos el tiempo, no podemos, es imposible, aunque a veces queramos. Igualmente lo tenía claro, lo importante era que mis hijos no sintieran el dolor que yo cargaba de manera silenciosa, éste se notaba en mi mirada, mis ojos solo veían a lo lejos un punto fijo, por supuesto que le pedía a Dios que me quitara esa tristeza y que me devolviera mi alegría, en las noches me sentaba en el corredor y miraba hacia el cielo para ver las estrellas, a ver si veía una bien grande que me estuviera observando para decir: ahí estaba Merina cuidando de nosotros, hasta las veía moverse, quería preguntarle cosas, pero es imposible solo son ilusiones, también lo tenía claro, nada haría que ella volviera y nada podía hacer para resucitarla, tenía que concientizarme día tras día que ella se había ido para siempre y jamás volvería a verla. Igualmente, también había noches en que no podía con mi soledad y me levantaba a llorar solo en el baño y a renegar por la situación en la que me encontraba sometido, siempre pasando por mi mente la película de lo que nos tocó vivir y a preguntar incansablemente por qué eso me había sucedido a mí. Llegado el mes de diciembre, nos animamos a ir a Medellín a comprar la ropa con mi hermana Amparo, el esposo de ella, mi sobrino Carlos Andrés y mis hijos, además, era una oportunidad para salir y mirar otro ambiente, pero parecía que todo llevaba a decir nuestra pena; una vez en el centro comercial en donde cada uno quería hacer compras, nos separamos para que nos rindiera el tiempo, yo con mis hijitos fuimos a ver, ya en un almacén Dany se probaba ropa, obviamente al que le tocaba opinar era a este pecho si me parecía o no, hasta que la vendedora no aguantó más y preguntó: y por qué no viene la mamá para que ella sea la que dé el visto bueno, Dany con una cara de tristeza cruzó la mirada conmigo, como diciendo: y a ahora que le respondemos, no dijimos nada, tan solo seguimos en nuestra actividad de comprar. Como también fuimos con otros fines, como era el de cambiar de carro, quería una camioneta Hilux de la marca Toyota, no se me parecían imponentes en principio, pero la verdad era doble propósito, servían de vehículos particulares de transporte y para cargar material para la casa que estaba construyendo, así que el mismo día de regreso fuimos a una compraventa de vehículos que conocía mi hermana Amparo, pues ahí ella había comprado su carro, para ver si hacíamos el negocio que queríamos, el cual era dejar la Kia Carens que yo tenía y llevarme la camioneta que ya mencioné, hasta en eso

Dios actúa, cuando las cosas se van a dar todo fluye para que se den, puesto que casualmente el dueño de la Compraventa tenía un cliente que estaba vendiendo una Toyota Hilux modelo 2008, con muy poco recorrido, realmente era casi nueva; el negocio no demoró mucho, arreglamos el precio, pagué y en esa camioneta nos regresamos a Montería. El resto del año pasó sin mayores apuros y afortunadamente de manera rápida, sobre todo las fechas especiales del 24 y del 31, yo solo las pensaba cuando llegaran, por supuesto que salí con mis hijos a la avenida primera a ver las luces navideñas y a pasear en el tren que se estacionaba allá y daba una vuelta por el norte de la ciudad, después los dejaba donde la abuela para que allá terminaran de pasar la celebración con el resto de la familia; yo por mi parte me iría a dormir temprano como si fuera un día cualquiera, pero en el fondo estaba más solo que nunca, con las mismas ganas de llorar como si hubiese sido el primer día en que me quedé sin mi amada esposa, pero me repetía mil veces que no había nada que hacer, esa ahora era mi realidad y nadie podía cambiarla.

L legó por fin el año 2009, como siempre, uno se hace nuevos propósitos, por lo menos tenía la ilusión de mi nueva casa, la cual había diseñado con todo mi amor para mis hijos, hasta que por fin se terminó la construcción en el mes de marzo, era tal cual la había imaginado, tenía las habitaciones de mis hijos y la mía en el segundo piso, además de una sala de televisión y un estudio y en el primer piso tenía la habitación de huésped, una sala comedor realmente gigante, una cocina amplia y una sala y comedor adicional y hacia la parte de atrás se le hizo un kiosco con madera a la vista y una piscina gigantesca, creo que no podíamos pedir más, tenía suficientes espacios para colgar los cuadros de Merina y la baranda de las escaleras era el mismo modelo de la casa de campo de Silvanía, pues esa baranda la diseñó Merina, yo quise hacerla en su honor. Ya solo faltaban detallitos por afinar para llevar a cabo la mudanza. Todo empezaba a cambiar para todos, mi hermano Armando no se fue conmigo sino que buscó una habitación solo para él, mi madre se llevó a casa de mi hermana Amparo, era como si todo el ajedrez se estuviera recomponiendo para todos; no era esa mi intención, pero las cosas se estaban dando de esa manera, pues tampoco podía dejarlos en la casa del Country, porque dentro de los planes estaba arrendarla. Así que se mandaron a retapizar los muebles que había traído de la ciudad de Bogotá, así como a retocar todo lo que era madera para traerlo a la casa nueva, cuánto recuerdo quedaba aún, pero era lo que tenía y lo iba a utilizar, además, yo quería recordar, los colores elegidos para la tela de los muebles fue verde y naranja, exactamente como los habíamos escogido para la casa de campo de Silvania, no era falta de creatividad de mi parte, solo quería honrar la memoria de quien había sido mi esposa, amiga y compañera de lucha por mucho tiempo. Por otra parte, la casa que habíamos hecho con Patricia se vendió, partimos por igual la ganancia, ella compró por intermedio de Armando un lote en un barrio que apenas se estaba formando llamado Monteverde, me dijeron a mí que si quería comprar y también lo hice, compré al lado de ella. Mientras tanto seguiría con mi trabajo en el ICBF, y cuando llegó el mes de mayo, sin estar buscando nada me sucedió una de las experiencias más lindas de mi vida; pues resulta que el rector de la Universidad de Córdoba estaba encargado y necesitaban hacer el concurso para seleccionar al nuevo rector, yo estaba en el completo anonimato, pero mi amigo Rafael Cogollo, quien fue mi compañero de estudio de la Universidad y trabaja allá como docente, me llamó un día a decirme que yo reunía las condiciones para inscribirme al concurso, por supuesto le dije que claro, sin pensarlo dos veces, pues lo que más quería era aportar toda mi experiencia adquirida y ayudar a mi gente, pensé que era el momento de darle la oportunidad a tanta gente que como yo, que siendo muy buenos no tenían ni siquiera la posibilidad de pisar una universidad. Creo que fue el primer momento en que tuve un brillo nuevamente en mis ojos, le dije que para ayer era tarde que cuándo, en dónde y a qué horas nos reuníamos para hablar con más detenimiento sobre el asunto. La reunión la hicimos al día siguiente en la casa de sus suegros, como él había ido con un grupo de colaboradores que querían escuchar mi historia profesional y laboral, lo cual les pareció fabuloso y que yo era el indicado para someterme al concurso por la rectoría de la Universidad. Así fue como empezamos esta bella aventura, porque reunimos un buen equipo de trabajo en donde estaba de manera activa mi amigo Rafael, hicimos la planeación de todo, yo expresé lo que quería, lo cual consistía en mirar cómo la Universidad se convertía en ese apoyo para el departamento, a través de sus ejes temáticos de enseñanza, lo cual eran los programas banderas de Ingeniería Agrónoma y Veterinaria, dado que la gran parte de nuestro territorio estaba dedicado a la agricultura y la ganadería. Además, me parecía que a través de los programas de licenciatura, del cual era yo egresado, se podía ayudar a mejorar la enseñanza en los colegios, que se debía hacer un trabajo conjunto con los rectores para poder ayudarlos en los procesos de aprendizaje. También quería generar una base de egresados para tener un banco de datos de los mismos, de tal suerte que las empresas acudieran al Alma

Mater a buscar mano de obra calificada y profesional, como también apoyar aquellos alumnos brillantes de las instituciones municipales, que no tenían la suficiente capacidad económica, ni siquiera para venir a la ciudad de Montería a estudiar; siempre pensaba en mi propia experiencia, pues qué hubiese sido de mí si mi hermana Amparo no estuviera radicada en Montería, tal vez no estaría contando esta historia, otro muy distinto hubiese sido mi destino, actualmente y en buena hora el Gobierno Nacional implementó el programa «Ser Pilo Paga». Dentro de los requisitos del concurso de «Méritos», estaba socializar ante la comunidad universitaria, en el auditorio del mismo claustro universitario, el programa que nosotros los aspirantes a Rector queríamos implementar de llegar a ser electo para el cargo.

Para esta presentación, lo primero que hicimos fue tomarnos un domingo, unas fotografías de mi persona entrando a la Universidad, para que empezara como si lo nuestro fuera un hecho; la presentación tenía unos tiempos limitados, por lo que duramos como una semana todas las tardes en mi residencia practicando y tomando el tiempo, era un trabajo realmente organizado, persiguiendo otro objetivo, que por casualidad y sin buscarlo, se había presentado en mi camino. Cada uno de los que me colaboraban opinaban sobre la puntuación, el tono de voz, hasta que lo conseguimos, y aunque algunos no estaban de acuerdo, yo quería iniciarla con mi experiencia de la búsqueda de trabajo en la Universidad de La Salle, que ya mencioné, en donde dije que la escogía a dedo, pero que si alguien me hiciera esa misma pregunta en este mismo instante que estaba allí parado enfrente de todos, le respondería con el corazón, diciéndole que a la Universidad de Córdoba yo la amaba, cómo no amar la institución que sirvió de trampolín para salir adelante en la vida, que esa decisión no era a dedo sino que lo hacía convencido de aportar toda mi experiencia en sacar adelante y posicionar la Universidad. Mientras tanto mi nombre estaba en el ruedo de los medios, pues era alguien que la gente no conocía, estaba recién llegado y ese era el run run, que yo venía de la capital y que no era local. Llagado el día de la presentación, llegué a la Universidad, algunos de mis compañeros del ICBF me acompañaron al igual que mi familia, pues era un día decisivo porque ahí se mediría el primer aceite, como dicen popularmente, de los aspirantes, por eso todo debía salir bien, pues así lo hice, fue una presentación impecable, clara, concisa y con mucha firmeza, la gente del claustro Universitario ya empezarían a sacar sus propias conclusiones de quien sería la persona más idónea para asumir el cargo de rector. Bien, yo empecé a sonar con más fuerza aún, mi nombre llegó hasta oídos del presidente Álvaro Uribe Vélez y de la Ministra de Educación de ese momento, Cecilia María Vélez, hasta los periodistas querían entrevistarme, empezaron a salir algunos titulares en el periódico local que yo era el más opcionado, y por supuesto algunos políticos querían acercarse a mí, pero no accedí a nada, ni a periodistas ni a políticos. De pronto ahí estaba la falla en ésto, quien no se hace a unos fuertes padrinos políticos no llega. Yo un poco confiado tal vez, porque un amigo de mi amigo Rafael, valga la redundancia, que supuestamente había viajado con el presidente Uribe, manifestó que éste último le comentó que mi nombre sonaba mucho para ser el rector. Pero como toda historia tiene un final, este cuento de hadas también y no precisamente sería un final feliz. Al rector lo escoge por mayoría de votos, el Consejo Superior de la Universidad y ante éste había que hacer la presentación final del programa, por lo que nos citaron a todos en el Hotel Sinú de esta ciudad desde muy temprano, mi turno fue como a las 6 de la tarde, era uno de los últimos, la verdad me sentía muy confiado, llegado mi turno me presenté, dije de manera muy rápida quien era yo como persona y mis cargos más representativos e hice la misma presentación que había hecho en el auditorio del Alma Mater. Ví cómo todos los asistentes de la mesa asentían con la cabeza cada palabra que yo decía, lo cual me generaba aún más confianza, los tenía conectados, fue nuevamente una presentación sin errores, salí de aquel recinto dichoso por el trabajo realizado. Solo quedaba esperar la deliberación de los Consejeros. Con mis acompañantes como siempre, mi hermana Amparo, su esposo y el suegro de mi amigo nos retiramos a un sitio de la avenida primera a esperar; cuando ya hubo humo blanco, ni un voto fue para mí, quedó en un empate por el candidato político del gobierno y el rector encargado de esa época, que igualmente se había postulado. Nuevamente un golpe bajo, la política en este país y en este departamento es muy fuerte, al tiempo escuché que los políticos me habían tumbado, que algunos hicieron sus viajes a Bogotá para cuadrar todo, así que esa noche con una profunda tristeza, me devolví a mi casa devastado, derrotado, llegué a eso de la una de la mañana, abracé a mis hijos y miré hacia arriba, como con ganas de reclamar a Dios, se me había ido una oportunidad valiosa en mi vida, pero por supuesto y lo digo nuevamente no hay que lamentarse por lo que no pudo ser, es simplemente Dios mostrando que ese no es el camino, que él tiene otros planes para nosotros, solo hay que aceptar aquellas situaciones y seguir adelante, no hay otro remedio. Solo pensaba ahora que llegara a la oficina del ICBF qué iba a decir, me sentía tan seguro, pero nada, solo tenía que decir la verdad, lo que había ocurrido, no había obtenido ni un solo voto, y que ese capítulo como muchos otros se cerraban en mi vida.

La vida continuaba su rumbo, yo continuaba un poco desperdiciado en el ICBF, nada extraordinario ocurría, al contrario la nostalgia y la soledad se apoderaban cada vez más de mí; un fin de semana cualquiera llevé a mis hijos donde la abuela para poder salir ese sábado con mi hermano Armando, y dedicarme un poco de tiempo a mí mismo, pero fue peor, porque al día siguiente cuando recibí una llamada de mi hija Daniela para que le llevara ropa porque no sé, algo había sucedido con la que llevó; al abrir su closet y buscarle la ropa me embargó el dolor, que me estuviera pasando esa situación que normalmente la haría una mamá, no aguanté y me puse a llorar como llora un niño chiquito al que le quitan su juguete, igualmente me senté un rato en la hamaca que estaba colgada en el kiosco, con la mirada lejana y perdida y con los ojos aún encharcados, pidiéndole y suplicándole a Dios que me diera una esposa, que la vida era muy dura y como dice la canción «un hombre solo no puede vivir, un hombre solo se puede morir», eso me pasaba, no podía seguir en esa situación, necesitaba una estabilidad emocional nuevamente, pues se acercaban eventos tan importantes para los niños, como era la primera comunión de Daniela; Merina y yo siempre soñamos esos momentos juntos, esos eventos que marcan nuestra existencia, quién diría que me iban a tocar vivirlos solo, mirar el vestido de gala, ir por el centro a comprar todo lo necesario para que ella asistiera a la ceremonia, como era comprar el sirio, la coronita que se colocan en la cabeza, estar pendiente de llevarla a la peluquería muy temprano para el peinado correspondiente, esas son cosas muy duras, solo pensaba en su mamá, qué lindo hubiese sido si ella también estuviera, pero bueno, eso era imposible y como siempre tenía que aterrizar en mi realidad, para esto tengo que agradecer mucho a mis compañeras de trabajo que me asesoraron en buscar la modista y comprar la tela para el vestido, pero bueno, son momentos que se afrontan y afortunadamente también son momentos que pasan de manera muy rápida.

Igualmente, para el mes de noviembre de ese mismo año nos fuimos de crucero por el Caribe, embarcamos en Cartagena, pasamos por Santa Marta, Aruba, Curazao, Bonaire y las islas Margaritas, solo nos fuimos los tres, era como darnos un respiro, la pasamos delicioso, nos gozamos cada evento y cada sitio de aquel barco, aunque como siempre, nos ocurrieron unos cacharros, como cuando llegamos a Aruba y la verdad nos bajamos para conocer la isla, pero el pago era en dólares y yo lo que cargaba eran pesos colombianos, así que conocí a un grupo de venezolanos que habían contratado una excursión, yo les propuse que me dieran sus dólares que yo pagaba todo el tour con tarjeta de crédito y así fue como nos hicimos muy buenos amigos, con ellos la pasamos de maravilla, por eso el día en que ellos se bajaron en las Islas Margaritas, me dio tristeza, pero bueno, la diversión tenía que continuar hasta cuando nos tocara nuestro turno de desembarcar en la ciudad de Cartagena.

En la vida hay y pasa de todo, resulta que así como yo clamaba al Todopoderoso por una esposa, también hay mujeres clamando por un esposo, solo tenemos que esperar y confiar en Dios que los que claman al tiempo se encuentren, logren conectarse con los mismos anhelos y puedan unirse. Resulta que Tania Isabel, la Secretaria de Dirección del ICBF en la Regional, a quien le tomé un gran aprecio, al verme tan solitario para todo, me comentó una vez que fue a una iglesia cristiana, porque la habían invitado para un evento de mujeres en el mes de septiembre y que cuando ella asistió, estaba predicando en ese momento una mujer bien bonita y que ella se había puesto a investigar un poco y que daba la casualidad que estaba soltera y que era hermana de una psicóloga del Instituto, que era abogada de profesión y que se desempeñaba como Juez de la República y que lo más importante era que tenía principios morales, pues la Psicóloga de la que esta mujer era hermana, es la misma que había estado en mi casa pidiéndome el favor de que la ayudara con su traslado. Así de pequeño es el mundo, por eso es mejor servir a quienes alguna vez, por cualquier razón, acuden a nosotros por ayuda, porque el mundo da demasiadas vueltas y no sabemos cuándo y en qué circunstancias nos encontraremos nuevamente a esa persona. Yo por supuesto le dije a Tania que me hiciera los acercamientos, y me consiguiera de manera disimulada con la hermana, el número de teléfono de esta chica, pues nada perdía con atreverme a llamarla. Así fue, la gestión se hizo casi que de inmediato, pero me comentó que a ella la habían trasladado para la ciudad de Bogotá y que se encontraba en estos momentos en la capital de la República. Nada que hacer, me quedé viendo un chispero, desanimado, así que tomé el papel donde había escrito el número de teléfono y lo tiré en la primera gaveta del escritorio. Llegaron nuevamente las fiestas decembrinas y yo solo como el llanero, con mis hijitos, tratando de que las cosas no parecieran tan duras, haciéndome el papel del padre de la película «La vida es bella», con tal de que ellos pasaran una navidad feliz. Pasaron las fechas de final de año, llegó el mes de enero y se acercaba mi cumpleaños, así que el 28 de enero, solo un día antes del mismo, abrí la gaveta de mi escritorio, tomé el número de teléfono y marqué, sin saber quién me iría a contestar al otro lado de la línea, muy osado, pero bueno, ya había perdido la pena de todo, qué se podía perder, antes lo único que podía era ganar, un no lo tenemos asegurado siempre, pero si nos dicen un sí, que fabuloso sería. Nervioso, porque si me contestaban no sabría ni qué decir, qué iba a hablar, pero me atreví, la vida está hecha para los valientes y guerreros, así que marqué, la primera vez se me fue a buzón, volví y marqué y también se me fue a buzón, así que ya no insistí más. Más tarde volvería a intentar, pero con tan buena suerte que no lo tuve que hacer, porque como a las 5 de la tarde sonó mi celular y el número era al que yo le había marcado, creo que estaba muy sorprendido con la llamada, era la hora de decir algo, eso hice y dije aló, la persona al otro lado me dijo: es que tengo dos llamadas perdidas de este número, ¿con quién hablo? yo contesté y mencioné que si, yo las había hecho, le dije mi nombre y le di señales que yo había sido la persona del ICBF con quien había hablado su hermana, así como también que me habían suministrado su número porque ella era una persona muy espiritual, muy creyente y me podía ayudar, pues yo quería tener un encuentro con Dios; eso fue lo que se me ocurrió para no embarrarla, tenía que usar las palabras adecuadas para que ella no me colgara, así que le dije que si nos podíamos ver para hablar y que más buena fecha que al día siguiente, que precisamente era un viernes, y que era día de mi cumpleaños. Ella me dijo que en esos momentos estaba en Sincelejo, en donde laboraba, pues la habían trasladado para esa ciudad y que regresaba casualmente el viernes en las horas de la tarde-noche, que le diera mi dirección que ella llegaba. Por lo menos ya era un comienzo, qué difícil fue esa primera conversación, pero había salido bien. Tania, que no se perdía esta novela estaba al tanto de todo. Llegó el día siguiente, yo que a veces me creo inteligente, no lo soy para esas cosas, sabiendo que Luz Elena iría, no se me ocurrió siquiera comprar una torta, una gaseosa, nada. Ese día me había colocado una camisa de rayas, no dejaba de pensar en el encuentro y rogándole a Dios que la cosa saliera bien; llegué a casa bien temprano como a las seis de la tarde, le dije a Edis, mi empleada que sirviera la cena, no esperaba a nadie porque a todos aquellos que querían venir a celebrar mi cumpleaños les había dicho que no estaría en la ciudad, pues escuché a los del Club Rotario que vendrían a mi casa por la noche, mi mente estaba en otra cosa, no quería inconvenientes para esa noche, lo único que hice fue sacar una silla plástica blanca para la terraza y sentarme ahí a esperarla, tenía curiosidad si la persona que vería me agradaría visualmente primero o sería un fiasco hacer este encuentro. Bueno, ese misterio se acabó como a las siete y media de la noche, cuando un carro Grand Vitara, se parqueó frente a mi casa, yo por supuesto me incorporé y me coloqué de pie para ayudar a abrir la puerta, cuando se baja esa mujer de tez blanca, muy estilizada, con un cabello negro largo muy cepillado, una blusa color terracota y una cara muy linda, claro está no llegó sola, vino con la mamá, me felicitaron, yo me presenté, las hice seguir hasta el kiosco, allá había una hamaca en donde inmediatamente se recostó doña Elis, su mamá y ella se sentó en una de las mecedoras del lugar. Yo no tenía nada que ofrecer, le dije que si les provocaba una avena, creo que era lo único que había en la despensa, y le dije a Edis que por favor hiciera y nos llevara al sitio, ellas si me preguntaron qué había hecho yo, dónde estaba la torta, la verdad yo no como torta, por eso no la había comprado; hablamos un rato de qué hacíamos, ella vivía como a cuadra y media de ahí, le presenté a mis dos hijos, no hicimos nada más, solo charlamos de cosas triviales, eso sí, quedamos en salir al día siguiente a Plaza de la Castellana a tomarnos algo. El sábado llegó y bueno, ya tenía una cita concertada, llenaba todas mis exigencias, pasaba de los treinta, soltera, sin líos de divorcio ni nada por el estilo, sin hijos, bueno yo le apostaría a eso. Así que cuando llegaba la hora de la cita, la llamé para ver si la recogía y me dijo que había tenido un día muy agitado, que estaba algo cansada y que no creía poder ir; un golpe bajo directo a la yugular, pero yo no soy tan fácil para darme por vencido, así que insistí y le dije que solo era un momento, que nos serviría para relajarnos y conversar. Así que la convencí y esa noche salimos, nos tomamos un coctel, pues la verdad, yo soy de poco tomar, hablamos de lo que habíamos hecho en la vida y yo de lanzado le dije que era una chica muy linda que no entendía cómo alguien tan inteligente y bonita no se había casado aún, a lo que ella contestó que eso sería en el tiempo de Dios, que ella oraba a Dios por su esposo, yo solo atiné a decir que a mí me gustaría seguir conversando con ella, que si nos podíamos ver en otra ocasión. Ella dijo que nos estábamos hablando para ver y fin de la salida, como a las diez de la noche la llevé a su casa y yo solo nuevamente tomé el camino para la mía; al momento de despedirme ella me invitó para la iglesia donde asistía, así que sin dudarlo dos veces le dije que estaría puntual a las ocho en ese lugar, así que llamé de inmediato a mi hermano Armando y lo convidé a esa iglesia para presentarle a la chica que estaba cortejando. Así fue, a las ocho pasadas llegamos, su familia también estaba atenta, pues su mamá, su tía Indira, su hermano Jairo y su hermana Elis también asistían, nosotros nos hicimos atrás, ella volteó y me sonrió, creo que todos voltearon y yo con una sonrisa y un movimiento de mano les devolví el saludo, así que le dije a Armando esa es, la del vestido rosado con algunas aplicaciones de flores blancas. Cuando la pastora, de nombre Gloria, muy apreciada por la familia, empezó a predicar y profetizaba, atinó con mi hermano Armando y le dijo que ese dolor en su brazo derecho iría a desaparecer en el nombre de Jesús, él arrancó a llorar porque había atinado, él tenía un dolor en el brazo, a mí también me hizo chillar, pues mi mirada reflejaba tristeza y creo que por ahí me habló, así que yo, aunque no creo en pastores ni profecías, lloré, además porque la verdad era como reencontrarme con Dios, yo que había decidido apartarme de Él, ir a ese lugar y el hecho de orar me conectaba nuevamente con Él. Era imposible no llorar con tanto dolor por dentro. A la salida, por supuesto esperamos, Luz Elena me presentó con todos, e incluso con la Pastora, quien me miró de arriba abajo, con una mirada escudriñadora, pero al final también sonrió. Cada uno tomó el camino a casa, por lo menos nosotros si para mi casa, para conversar de lo sucedido, imagino que lo mismo harían ellos como familia.

Pasaron los días de la semana y yo insistiendo que nos viéramos de nuevo el viernes o el sábado, no quería parecer cansón, pero creo que estaba dispuesto a enfocar mis energías en esa conquista. Ella aceptó a regañadientes a que fuéramos el viernes a cenar algo, por eso estaba contento, creo que ya le había contado a un defensor de familia, que aprecié mucho, y desafortunadamente falleció; ese día nos tomamos unas cervezas y yo llamando a Luchy para encontrarnos, pero me dijo que estaba muy agotada y que tal vez mañana, y eso que me contestó como a la décima llamada, porque como que el entusiasmado era yo solito. Claro está que para ese encuentro no pensaba presentarme con las manos vacías, decidí comprar algo, no lo sabía, qué era, pero me fui al centro a ver qué compraba que no fuera algo muy personal, porque no sabía qué le gustaría, pero que fuera algo que le gustara, así que llegué a un almacén de una señora cachaca que vendía tarjetas, peluches y muchas otras cositas que podían servir, pero vi un oso mediano cafecito, que podría parecer de mi color trigueño, no tan chiquito y tampoco tan exagerado y lo compré y de paso una tarjeta completamente en blanco, sin mensaje, le pedí prestado un esfero a la señora para yo escribir, lo único que se me ocurrió fue colocar: *quiero ser parte de tu mundo*. El sábado cuando llegué a recogerla para salir me bajé del carro para abrirle la puerta como todo un caballero, esperé que se sentara y le entregué la sorpresa del oso, ella se sorprendió, porque las casualidades no existen, resulta que ella tenía una osita casi del mismo tamaño, color blanco, era como si le hubiese regalado el compañero a la osa, tomando eso como una analogía era como si realmente por ahí era el camino, era una coincidencia de muchas otras. Esa noche fue mejor, yo estaba más lanzado y por lo menos le tomaba la mano, salimos a comer a un sitio en donde pensamos que la comida sería agradable, pero resultó ser espantosa. La llevé a su casa y por lo menos me acerqué un poco más para despedirme. Después de eso continué yendo a la iglesia y tratando de ser amigo de su familia y de su círculo de amistades, complaciéndola en lo que dijera. Esa situación también era compleja para ella, pues yo no estaba solo, tenía mi par de pollitos e imagino que pensar tener una relación en esas condiciones asusta mucho; los días transcurrieron y salimos un par de veces más, yo cada vez quería ser más lanzado y me le acercaba por el lado de la oreja, como buscando enfrentarme con ella y sin decir nada darle un beso en la boca, pero nada, ese momento se escapaba. Hasta que una noche ella vino de visita a mi casa, estábamos con mis hijos, ella se sentó a Daniela en sus piernas y empezó como a conversar con ellos, creería yo que esa era su mayor preocupación de aceptar una relación conmigo, no sé qué pasó pero después al despedirse de mí ella aceptó recibir mi beso y ahí comprendí que quería también darse una oportunidad con nosotros. Al día siguiente amanecí radiante con una canción en mi mente «Mary es mi amor, solo con ella vivo la felicidad», la cantaba Leo Dan. Tanto es así que la llamé, ya ella se había marchado para Sincelejo, su sitio de trabajo, para contarle lo de la canción, hasta compré el CD para regalárselo. Les debo decir que esta conquista me costó, pero ya era justo tener una ilusión y a alguien que me acompañara en este camino, que me había tocado vivir.

La semana se me hizo eterna, y solo habían pasado 5 días, el viernes le dije que yo la recogía en Sincelejo, que quería verla y ella accedió, la recogí creo que ese día estaba lelo, manejaba a 20 km por hora, porque todo el camino lo hicimos tomados de la mano, era raro y muy divertido estar en esta situación de nuevo, la parte del enamoramiento es la mejor parte de una relación, creo que el que no disfruta esa parte, entonces debe terminar inmediatamente ese idilio, si se le puede decir así, porque ahí no hay nada. El día sábado de ese fin de semana me dijo que quería estar a solas con mis hijos, que le gustaría visitarlos y pasarse una tarde en la piscina con ellos, a lo cual yo accedí y me fui para donde mi hermana Amparo y los dejé; me contaron que se divirtieron de maravilla y que la pasaron como nunca. Era lógico, tenía que mirar cómo eran ellos, no sé era una decisión que había que pensar mucho imagino yo, no iba a hacer fácil meterse en esto, pero tampoco sería imposible no dominar la situación.

La semana siguiente, decía y pensaba yo que no podía esperar más para tener una esposa, además ya no estaba en esa etapa de noviazgo largo y que era tirarme al ruedo, así que salí para una joyería a comprar un anillo de compromiso, me tiraría al ruedo inmediatamente ese fin de semana siguiente para decirle que si quería casarse conmigo, pero la verdad yo no me aguanto la sorpresa y apenas lo compré estaba tan emocionado que la llamé para contarle y que quería dárselo el sábado en una cena en el restaurante Brasa Caribe, a ella le pareció gracioso y, bueno también accedió a que así fuera. El anhelado día llegó, yo me vestí con uno de mis mejores trapos y me fui a recogerla, ella salió despampanante con un vestido violeta como de princesa y eso si, bien arreglada como siempre, la verdad sea dicha. Llegamos al restaurante, nos sentamos y yo que no podía más saqué el anillo para dárselo y colocárselo en el dedo, estábamos oficialmente comprometidos e inmediatamente hablamos de lo que sería el matrimonio. Nuestros días siguientes fueron de un noviazgo normal, llamadas, cartas, tarjetas, ya más integrado con su familia. Es mas, cuando llegó la semana santa, a mí que no me gustan las fincas, ella nos invitó para Moñitos y nos fuimos, porque uno enamorado va hasta el fin del mundo si es posible. La verdad la pasamos súper, fueron dos días que tú ni los sientes, es como si el tiempo volara cuando tú realmente quisieras que se congelara. Todo es un proceso, ahí sirvió para integrarnos más, para que conocieran a mis hijos. Daniela era más introvertida, se le veía un poco la tristeza, pero bueno, tampoco nunca fue expresiva, así que cuando me decían algo, yo no podía pensar que ese comportamiento era por la pérdida de su mamá, es que ella nunca fue la más extrovertida. El matrimonio quedaría para el mes de junio, el 11 exactamente, así que después de terminada la semana santa el tema era modo matrimonio. Además, hubo algo que me gustó mucho y fue el hecho que Luchy me dijera que debíamos cambiar los pisos de mi casa por unos más moderno, empezaba el porcelananto a estar de moda en ese entonces, así que lo decidimos y enseguida nos pusimos manos a la obra; inmediatamente mi casa se convirtió en un caos, llena de polvo, era arrancar el piso que estaba, contratar un volcó que recogiera todo ese escombro y hacer nuevamente plantilla y cambio de piso, eso duró hasta algo menos de la fecha del matrimonio. Otra cosa que quiso fue cambiar todos los muebles, así que llamé a los familiares de Merina y empecé a regalarles algunas cosas; a su mamá le di la cama de matrimonio, que aún conservaba, a su hermana Mayi, le regalé el comedor y los muebles que eran de mi mamá, los cuales yo había traído conmigo, y a su hermana Dalida le vendí todo lo demás, era como desmantelar una casa completa. Los cuadros los desarmé de su marco, los llevé a una papelería en donde me ayudaron a envolverlos para que no se deterioraran y los guardé como un tesoro para Daniela y Juan Pablo el día en que tengan su propia casa.

Para surtir nuevamente la casa, a finales de mayo nos fuimos para Barranquilla, allá nos volvimos locos comprando de todo, era comenzar de nuevo, creo que eso estuvo bien, era una nueva vida, una nueva historia en pareja, así lo había dispuesto Dios que tuviera dos matrimonios con muchas coincidencias, por supuesto, ambos en el mes de junio, uno el 22 y el otro el 11, y algo curioso fue que a Luchy le recomendaron un cantante, Eder Burgos, que tenía una orquesta, al cual yo cité en mi casa una noche para amenizar la fiesta; cuando él se presentó me miró y seguía como mirándome intrigado, yo la verdad soy muy despistado, pero al ver que él me dijo yo a usted lo conozco, yo me quedé reflexionando y lo miré como haciendo memoria y dije no puede ser: espéreme un momento y subí al segundo piso a busca el álbum de mi primer matrimonio para ver si había una foto del cantante de ese día y sí señor, era el mismo señor que ahora estaba hablando conmigo, bajé rápidamente con la foto en la mano y le dije hermano: ese es usted, bueno, como estaba tan sorprendido también, le conté lo que había pasado y porque estábamos hablando de amenizar la fiesta de mi matrimonio. Me acuerdo que en caso de llegar a un arreglo, le pedí un favor: que no tocara «El camino de la vida» en mi nuevo matrimonio, que tocara la canción cristiana de «La familia». Acto seguido, con tal coincidencia, llamé a Luchy y le conté lo sucedido, por si ella decidía contratar a alguien diferente, por si esta situación la incomodaba, me respondió que si me incomodaba a mí, yo le dije que no, así que Eder fue contratado para ese día.

Llegó el 11 de junio, ese día me levanté, creo que no dormí en toda la noche, es natural era empezar nuevamente y deseaba con toda mi alma que esto realmente funcionara, que otra vez completara la familia que había quedado mocha, eran muchos sentimientos encontrados, alegría e incertidumbre, pero ganaba la alegría. Me dirigí a casa de mi novia, no sabía para dónde coger, allá desayuné y hasta la chica de las uñas me hizo las mías, después hasta salí con la que sería esa noche mi esposa a comprar unas cosas al centro comercial, hasta me regaló una loción de Paco Rabanne, estuvimos juntos hasta las dos de la tarde, en donde nos separamos ella para su casa y yo para la mía, a esperar a arreglarnos todos mis hijos, Dany que sería damita de honor y Juan que llevaría los anillos, así que a las seis todos estábamos vestidos y ansiosos, a las y media tomaría mi carro para dirigirnos al sitio de la ceremonia, a mí me entregaría Amparo mi hermana, aunque ya yo estaba grandecito para entregarme yo mismo, ahí esperando en el sitio de matrimonio, llegaría Luchy con un vestido blanco largo de la mano de su hermano Jairo, caminando hacia mí, como caminan las princesas cuando se bajan de sus carruajes en los cuentos de hadas, imagino que también orando a Dios porque todo esto funcione y realmente ella fuera la ficha que faltaba y que nosotros necesitábamos y añorábamos. La fiesta fue realmente linda, todo salió de acuerdo a lo planeado y quedó muy divertida, fue todo un éxito, hasta unos amigos míos que vinieron de la ciudad de Bogotá, se la gozaron hasta el amanecer creo, porque nosotros nos adelantamos antes como a la una y media de la mañana, porque al día siguiente muy temprano partiríamos para la ciudad de Buenos Aires a nuestra luna de miel. Empezaba otra aventura, con una nueva integrante en la tripulación del barco, con otros sueños, así es en la vida unos se bajan y otros se suben al tren, es la pura realidad de la existencia humana y con eso tenemos que aprender a vivir siempre. Nuestro viaje por Argentina fue fabuloso, lástima que llegamos en el otoño casi para entrar el invierno y hacía frío, conocimos mucho y nos pasaron unos chascos, como cuando conocimos *La casa rosada de la presidencia* y nos llovió con tanta brisa que nuestra sombrilla quedó literalmente al revés, montamos el buque bus para ir a un pueblo de Uruguay, llamado Colonia, hasta fuimos a Mar del Plata.

Siguiendo con los planes de matrimonio, como era de esperase había que repartir tarjetas, tal vez cometí el error, o no porque como dice el dicho «no hay mal que por bien no venga», envié tarjeta a mis amigos de Bogotá, incluyendo a la Directora General del ICBF, quien con justa razón pensaría que me había ayudado enviándome a Córdoba para pasar mi duelo, el cual ya estaba curado pues me iba a casar, así que lo del trabajo en el ICBF llegaba a su fin. En efecto, cuando subió a la presidencia Juan Manuel Santos, me llamaron de la Sede Principal en Bogotá y me pidieron la carta protocolaria de renuncia, que la Directora las iría a evaluar para tomar decisiones de quien dejaba y a quien se le aceptaría; la mía por supuesto la aceptaron, pronto llegó a mis manos la aceptación, así que ese ciclo había que cerrarlo como todo en la vida, pasamos abriendo y cerrando los ciclos, pensamos que al cerrarse esa puerta no vamos a ver ni un rayito de luz, pero las cosas siempre suceden por algo, nada en la vida sucede por mera casualidad, es porque así han de pasar, solo tenemos que esperar a que pase la tormenta, detenernos un momento, pensar, mirar las opciones y decidirse, siempre estamos decidiendo, todo el tiempo, a veces las decisiones no son las mejores, pero en algunas, siguiendo la intuición, funcionan. Se imaginan recién casado y sin trabajo, qué vergüenza con mi esposa, qué pensaría que apenas se casa, el marido lo despiden, pues a mí si que me dejó eso preocupado. Además, la convivencia en mi casa no era la mejor, mi esposa, que llegaba a esa vivienda extraña para ella, con unos hijos que no eran de ella, pobrecita, no sé para quien era más duro si para mis hijos o para la muñeca, como cariñosamente la llamaba. La hora de la comida se me convertía en un caos, Daniela y Juan Pablo no eran los más expertos en cómo comer, en cómo debían agarrar los cubiertos, eso incomodaba sobre manera a mi esposa, quien los obligaba a estar bien sentados en la mesa y a comer como mandaba la Urbanidad de Carreño, que hasta por cierto compró para que los niños la leyeran y aprendieran las reglas de comportamiento y aunque todo ese sufrimiento en la fase de acoplamiento la tuve que vivir, pero quién había dicho que la cosa era fácil, nada es fácil, todo lleva un sacrificio y uno solo tiene que mirar al cielo y esperar que el tiempo pase. Hoy agradezco cada lágrima derramada por ellos, porque aprendieron a comportarse, a ser más ordenados y a muchas otras cosas que aunque uno no las vea importante, realmente lo son.

Retomando con lo de mi trabajo, al principio estar desempleado era una angustia, no sabía qué hacer, tocaba puertas con mis amigos de Bogotá, para ver cómo me podían ayudar, hasta organicé mis hojas de vida para llevarlas a los municipios y ofrecer asesorías en cualquier cosa, pero acá en Córdoba la cosa política es la que manda la parada y si tú no tienes una buena conexión no tienes mucho futuro en el sector público, pero lo intenté. Hasta que en mi angustia, reflexioné, me puse a contar el dinero que tenía, llamé a mis hermanas Gloria y Patricias y les propuse lo de construir en unos lotes que teníamos, era hora de materializar el sueño, lo que siempre me había intrigado, meterme de lleno a la construcción, así que reunimos un capital considerable, hasta mi esposa hizo un crédito en su entidad bancaria, yo vendí la camioneta que tenía y arrancamos; empezaba otra etapa del camino, no sabíamos cómo nos iba a ir, era conocer el mercado y las ferreterías, almacenes de pisos, donde comprar el cemento, el hierro y en general todo lo que arrastra la construcción de una vivienda, siempre estamos en constante aprendizaje, bueno, malo pero siempre aprendiendo, la idea es aprender bien y no equivocarse tanto. Ya estando en esta nueva fase de mi vida, ocurrieron dos sucesos casi simultáneos: el primero fue la noticia de que mi esposa quedó embarazada, era mi tercer hijo y el primero de los dos, contentos por la espera de ese bebé, que uniría los lazos entre mis hijos mayores con mi esposa, dando paso a una familia más sólida, y el segundo fue un encuentro fortuito e inesperado con Víctor Raúl, Gerente de la inmobiliaria más grande de la ciudad, quien una vez yo caminando por el centro de la ciudad, escuché que alguien me llamó y era en efecto este señor, y me dice: oye estaba pensando en ti, cuándo hablamos, acércate por mi oficina, en la inmobiliaria, cosa que así hice al día siguiente; yo pensaba que me iba a ofrecer un trabajo en la inmobiliaria, pero cuando me recibió empezó a explicarme que él sería el candidato a la Gobernación de Córdoba, por el partido Liberal y que lo que quería proponerme era un gana, gana, que yo lo ayudara con el tema de su Programa de Gobierno y que si él ganaba, pues me tendría en cuenta para formar parte de su equipo de trabajo, lo cual me pareció una propuesta justa, era trabajar por una causa que no sabíamos si se llegaba a materializar, fue otra de las experiencias maravillosas que me pudieron pasar, era algo que me tenía ocupado, con una mente en constante producción y disfrutaba haciendo investigaciones sobre lo que sucedía y podía funcionar en el departamento en cada uno de sus diferentes áreas, para lo cual había que organizar reuniones con gente de todos los sectores. Conocí muchas personas, me sentía en mis antiguos trabajos de Planeación Nacional, Hacienda, no sé si aún añoro esa vida, bueno, algo extraña uno de su pasado, no lo podemos separar de nosotros como quisiéramos. Yo no descuidaba el tema de mi nuevo negocio de construcción, era algo que hacía en paralelo, además yo mismo me preguntaba si quería otra vez volver a ser empleado, pero continuaba con el tema de la Gobernación, acompañé a Víctor Raúl a muchos lugares, conocí su familia, me abrieron las puertas de su casa y nació una gran amistad, hasta cuando nació mi hijo Gustavo Andrés, el regalo que le hicieron fue una muda de ropa alusiva a la campaña; mi hijo bello recuerdo que cuando nació sentí ese orgullo de ser nuevamente padre, fue un niño grande y robusto, que eso si, no dejó descansar a nadie en la clínica porque apenas nació no dejó de llorar. Así pasó el tiempo y se acercaba el momento de las elecciones, el oponente, por decirlo así, era Alejandro Lions, un muchacho, así lo veía yo no con mucha experiencia para ejercer ese cargo, pero bueno, tenía el apoyo de muchos políticos influyentes en el departamento, yo estaba convencido de las capacidades de Víctor Raúl, era todo un señor en todo el sentido de la palabra, un hombre con una madurez emocional, inteligente, yo le apostaba a él, creía absolutamente que él haría muchas cosas buenas por Córdoba. Pero bueno, las elecciones llegaron y dieron por ganador a Alejandro Lions, el pueblo decidió y no había nada que hacer, era otro baldado de agua fría que nos caía a todos, pero en especial a mí, estaba demostrado que lo mío no era por el camino de la administración pública, esa ruta se cerraba para mí. Tenía que echarle muchas más ganas al proyecto familiar que había arrancado y así lo hice. Tiempo después en el año 2012, mi esposa saldría embarazada nuevamente y el primero de enero de 2013 nace mi cuarto hijo Nicolás, ese gordito que lo que ha traído a nuestras vidas es alegría pura y consolidaría aún más a mi hermosa familia. En el año 2014 vi que de pronto tenía un poco de tiempo para dedicarme a lo que me gusta como es estudiar y analicé las carreras, siempre quise ser médico, pero un poco tarde para estudiar esta carrera, pues son 5 años, más el internado y el rural, si me iba bien serían 7 años y ya no podía darme ese lujo, además el horario sería de tiempo completo y mi familia y el trabajo de la construcción dónde quedarían, esa carrera demandaría mucho tiempo y esfuerzo, no era para mí, había que pensar con la razón, así que se descartó de inmediato, entonces aprovechando que la Universidad Católica Luis Amigó manejaba un horario especial para personas que trabajaban, el cual era viernes y sábados y que ofrecían el programa de Derecho, además tenía la excusa perfecta para estudiar esto, pues mi esposa es Juez de la República, pensando que podríamos entablar más fácil una conversación en su campo profesional, así que no lo dudé y me inscribí, siempre ir a la Universidad te mantiene joven, conoces nuevas personas, profesores, gente que maneja una realidad distinta a la tuya, pero que persiguen sueños, que tienen anhelos, eso me motivó y me gustó. No fue fácil otra vez sentarse como alumno, después de haber sido profesor universitario, pero era algo que tenía que vencer y aceptar, de todas maneras, pasar nuevamente a la Universidad fue maravilloso, el alma y el espíritu se enaltecen. En ese lapso de estudio ocurrieron mil cosas, viajes a los Estados Unidos, a Europa, mis hijos Daniela y Juan Pablo se graduaron en el Colegio, Daniela estudia Medicina en la Universidad del Norte de Barranquilla y Juan Pablo obtuvo el tercer lugar en las pruebas del ICFES a nivel Nacional con un puntaje de 473 y actualmente estudia Ingeniería Mecánica y Electrónica en la Universidad de los Andes en Bogotá; mis hijos Gustavo Andrés y Nicolás estudian en el gimnasio El Recreo su primaria y siempre han obtenido la medalla de Excelencia Académica. En fin, el camino aunque parezca espinoso muchas veces, aunque en repetidas ocasiones te caigas, siempre habrá una salida, nada es para siempre en la vida ni la tristeza como lastimosamente tampoco la alegría, es algo que siempre tendremos presente en nuestra existencia. Solo hay que levantarse y seguir caminando, sin perder la esperanza en que Dios siempre tendrá algo bueno para nosotros.